AF590373

LES

Conditions Anthropogéographiques

DU DÉVELOPPEMENT

DE L'AGGLOMÉRATION LILLOISE

PAR

M. J. SCRIVE-LOYER

LILLE
IMPRIMERIE L. DANEL
1922

LES

CONDITIONS ANTHROPOGÉOGRAPHIQUES

DU

Développement de l'Agglomération Lilloise

INTRODUCTION

On pourrait définir l'Urbanisme : « l'art appliqué de la science d'observation qu'est l'anthropogéographie ou géographie humaine ».

Cette science, dont l'objet est l'étude des phénomènes réciproques qu'exercent le « lieu » sur les êtres humains et ceux-ci sur le lieu ou « site géographique », est amenée, entre autres faits, à examiner ceux qui découlent du groupement des habitations humaines en agglomérations.

De l'ensemble des faits observés, elle déduit des règles présidant à la formation et à l'évolution des dites agglomérations. Ces dernières naissent, croissent, et parfois meurent suivant des lois naturelles aussi inéluctables que celles régissant les plantes formant la flore d'une région géographique donnée.

L'agglomération d'habitations humaines est en effet un véritable être organisé, comme nous allons le démontrer dans un instant.

C'est là une vérité première qu'un urbaniste doit toujours avoir devant les yeux, car ses conceptions ne seront viables que pour autant qu'elles ne contrecarreront en rien, mais au contraire suivront et même favoriseront, le jeu des lois naturelles présidant à la formation des agglomérations.

Ce en quoi consistera son art sera d'utiliser ces lois de façon à réaliser l'idéal de confort et d'agrément qu'il cherchera à atteindre dans l'aménagement de ces agglomérations, de même que le jardinier et le cultivateur connaissant suffisamment les lois naturelles du développement des plantes, parviendront, dans de certaines limites, à modifier leurs formes ou leurs propriétés primitives afin d'en tirer, suivant les goûts ou les besoins de l'homme, un maximum d'utilité ou d'agrément.

Processus Généraux d'Éclosion et de Croissance des Agglomérations Urbaines

CHAPITRE PREMIER

UNE AGGLOMÉRATION URBAINE EST UN ÊTRE VIVANT

Une agglomération urbaine est un être collectif, organisé, à la fois matériel et moral.

L'être moral, c'est la société naturelle d'êtres humains à laquelle on a donné en science sociale le nom de « **commune** », c'est-à-dire une collectivité dont les membres sont reliés entre eux par des liens de « **voisinage** » provoqués par la proximité des habitations qu'ils occupent. Nous y reviendrons lorsque nous aurons à délimiter l'étendue de l'agglomération urbaine lilloise. Il suffit pour l'instant de remarquer que cet être moral collectif étant composé d'êtres humains qui possèdent un corps, se concrétise lui-même en **un être matériel qui est l'agglomération bâtie,** de bois, de pierre et de briques, dont les cellules sont constituées par les habitations où logent ces êtres humains.

Ceci n'est pas une *simple métaphore comme on serait tenté de le croire*; c'est, au contraire, une conséquence très logique de ce que les dites habitations sont faites pour protéger et faciliter la vie des corps humains qui les occupent et sont par conséquent créées **à l'image et en fonction de ceux-ci** par l'industrie humaine.

Pour que, dans **les cellules de ce « corps urbain »** que sont les habitations, la vie soit possible, il faut, tout comme pour celles du corps humain, qu'elles communiquent avec des systèmes circulatoires qui leur apportent les éléments divers nécessaires à l'entretien de l'existence : air, chaleur, lumière ; énergie sous forme d'aliments et de produits de toute nature ; qu'elles possèdent des systèmes éliminatoires permettant l'évacuation des déchets sans laquelle la vie au même emplacement deviendrait rapidement impossible.

Dans le corps urbain, **ce sont les différents systèmes de voies de communication** qui remplissent ce rôle ; réseau routier sous forme de chaussées, de chemins, de sentiers, réseau navigable sous forme de rivières et de canaux, remplaçant parfois, comme à Venise, et doublant d'autres fois, comme à Amsterdam, à Bruges et dans tant d'autres villes des Pays-Bas, du littoral de la mer du Nord et de la Baltique, le réseau routier. A ces *réseaux d'origine naturelle et que l'homme n'a fait qu'améliorer* ou compléter, le dix-neuvième siècle en a ajouté d'autres, entièrement dus à l'industrie humaine ; les divers réseaux ferrés d'intérêt général ou d'intérêt local, empruntant parfois eux mêmes les réseaux routiers, comme les tramways, ou établis sur des plates-formes entièrement distinctes, comme les chemins de fer à voie normale et les services de transport urbain ferroviaires accélérés. Ces derniers, pour éviter les embarras des chaussées ordinaires et les pertes de vitesse qui en résultent, empruntent le sous-sol des agglomérations, sous forme de chemins de fer souterrains, ou sont établis au-dessus du niveau du réseau routier sous forme d'élévated railways de différents modèles.

Ces différents systèmes circulatoires urbains, tout comme ceux du corps humain, ont entre eux des **points de contact** permettant l'échange des éléments transportés : ce sont les **zones de passage** que sont les carrefours, les ports, les gares.

A côté de ces systèmes circulatoires, que l'on pourrait appeler généraux, correspondant en quelque sorte aux réseaux sanguins et aux réseaux lymphatiques du corps humain, il en est d'autres spéciaux à tel ou tel élément ou aliment nécessaire à l'entretien de l'existence urbaine. Surtout dans les êtres collectifs très différenciés que sont les grandes cités métropolitaines du genre de la capitale de la région septentrionale : Lille.

Ce sont les canalisations d'eau potable ou d'eau industrielle.

Ce sont encore les canalisations du gaz et de l'électricité, adductrices d'énergie sous ses différentes formes de lumière, chaleur ou force motrice et correspondant en quelque sorte au système musculaire du corps humain.

Le système nerveux a, lui aussi, son analogie dans le corps matériel de l'être collectif qu'est une grande ville, permettant la transmission rapide de la pensée qui l'anime jusqu'aux extrémités périphériques : ce sont les réseaux téléphoniques et télégraphiques publics ou particuliers, et dans certains grands centres même, les réseaux postaux pneumatiques.

Quant aux systèmes éliminatoires du corps humain servant à éloigner les éléments impropres ou nuisibles à la vie, ils sont représentés dans le corps urbain par les réseaux d'égouts et les véhicules du service de la voirie, rejetant hors de l'agglomération les matières usées et les détritus de toute nature.

Il n'est pas jusqu'au système respiratoire, qui n'ait son analogie dans le corps des grandes cités. De même que les cellules du corps humain puisent une grande partie de l'oxygène qui leur est nécessaire au contact des vaisseaux du système artériel, c'est par leur ouverture sur les artères des différents réseaux de circulation que les habitations reçoivent principalement l'air et la lumière qui leur sont indispensables pour être saines, et **malheur aux villes où, une âpreté trop grande à tirer la quintessence de la valeur des terrains,** incite à donner aux voies urbaines des dimensions ne permettant pas aux habitations de baigner en quelque sorte dans l'air et la lumière.

Mais le système respiratoire humain ne consiste pas simplement en vaisseaux adducteurs et expirateurs ; il est aussi constitué par les **réservoirs** que sont les alvéoles pulmonaires. Dans une agglomération urbaine, la nécessité s'impose également de disposer des **réservoirs** d'air, de végétation et de lumière solaire que sont les places, les espaces libres, les jardins publics et privés, **les cours des immeubles.** Dire que ceux-ci sont les « poumons de la cité » n'est pas une simple et banale figure de rhétorique mais **l'expression d'une vérité d'observation** incontestable.

Pour la bonne santé de l'organisme urbain, ce n'est pas seulement la proportion **totale** existant entre les espaces libres et les surfaces bâties qui importe, mais bien leur **répartition topographique** judicieusement équilibrée dans l'ensemble de l'agglomération. **Rien ne sert de créer dans certains quartiers plus ou moins périphériques de grands et beaux parcs, de vastes espaces libres,** s'il existe d'autres quartiers de **plusieurs kilomètres carrés,** dépourvus de réservoirs d'air suffisants. Peut-être trouvera-t-on oiseux le soin que nous venons de prendre pour établir le fait d'observation qu'une agglomération est réellement un être vivant : « un organisme ». Si nous nous sommes attardés à la démonstration de cette vérité urbanistique et sociologique, c'est qu'elle nous a paru encore trop peu connue non seulement de la masse du public, mais même encore de bon nombre de ceux qu, par leur culture soit générale, soit spéciale, sembleraient devoir être mieux avertisi que celui-ci.

Il en résulte le danger de voir commettre, dans l'élaboration des plans d'aménagement et d'extension, qui est devenue obligatoire par la loi du 14 mars 1919, des erreurs dont les conséquences peuvent être graves, puisqu'elles risquent de compromettre plus ou moins profondément l'avenir urbanistique de certaines agglomérations. Ainsi, par exemple, pour n'en citer que quelques-unes :

1° Des projets s'efforçant. — comme celui que nous présentons (1) — de respecter avant tout l'intégrité de l'être vivant qu'est une agglomération urbaine, des différents organes dont il se compose, et de les relier commodément entre eux, ne se soucient qu'accessoirement de l'effet de dessin, plus ou moins heureux, que pourra faire en plan le tracé de voirie en résultant. Ils courent dès lors le risque de se voir parfois préférer des projets dont la préoccupation principale aura été d'obtenir, même au détriment de cette intégrité, soit par une régularité géométrique, soit au contraire par une fantaisie voulue du tracé de leur voirie, un effet de plan très séduisant à l'œil.... sur le papier.

Or, dans la réalité, où il s'agit non de planer en aéro au-dessus de l'agglomération mais d'en parcourir commodément et sans perte de temps les artères, il subsistera souvent fort peu de choses de cet heureux effet. Il pourra même être désastreux si dans la vie quotidienne il en résulte des obstacles au sens naturel des courants circulatoires ou une monotonie insupportable, par suite d'une uniformité trop géométrique.

2° Les agglomérations. étant des êtres vivants. sont composées d'un certain nombre d'organes fonctionnels se matérialisant sous forme soit de certains édifices publics : mairie, gare, halles centrales par exemple. soit d'unités urbanistiques spécialisées, tels que sont certains quartiers d'affaires, d'administration, d'habitation ou d'*industrie*.

Les uns et les autres occupent dès lors dans le corps urbain dont ils font partie ntégrante, des emplacements qui. pour chacun d'eux, sont nettement déterminés de façon plus ou moins étroite suivant la nature de leurs fonctions d'une part, les particularités diverses résultant du site anthropogéographique d'autre part. C'est dire à quel point se trompent ceux qui, sous l'influence des considérations d'ordre divers. parfois très louables même, comme celles de ménager les finances municipales, mais étrangères aux lois biologiques régissant cette catégorie d'êtres collectifs que sont les agglomérations urbaines. croient pouvoir décréter ou modifier sans inconvénients la situation de certains de ces organes fonctionnels.

Ils agissent alors vis-à-vis du corps urbain de manière analogue à celle du médecin de Molière vis-à-vis du corps humain, lorsqu'il prétendait de son gré faire passer le cœur de gauche à droite.

---

(1) Le présent travail constituait originairement une partie des mémoires accompagnant les plans d'aménagement d'extension et d'embellissement présentés par l'auteur en collaboration avec MM. Bourdeix et Franquet au concours institué par la municipalité lilloise.

Il y a une différence toutefois : c'est que l'outrecuidance de ce médecin n'empêchait pas le cœur humain de rester à sa place, tandis que celle résultant d'une hérésie urbanistique peut parfois amener dans la conformation du corps urbain une **malformation congénitale** plus ou moins irréparable.

Pour éviter ces erreurs, il nous parait utile d'analyser les phénomènes d'éclosion et d'évolution naturelles des agglomérations urbaines dont la méthode d'observation sociale nous permet de découvrir l'existence.

Ces dernières, nous l'avons établi, sont des êtres organisés. Or, la caractéristique de tels êtres, c'est que les cellules qui les composent ne se juxtaposent pas au hasard, mais au contraire, **s'ordonnent** en groupes plus ou moins **différenciés** dont chacun assure une fonction spéciale de l'économie de cet être vivant : ce sont les organes.

De même, les cellules du corps urbain que sont les diverses constructions, habitations et édifices publics qui composent une agglomération, vont se grouper en « noyaux » formant des « **quartiers** » qui seront les sièges des différentes fonctions nécessaires pour assurer l'existence de cet être collectif.

Ces quartiers sont de véritables « unités » dont l'addition forme le total qu'est cet être. Comme le remarque très judicieusement Van der Swaelmen : « souvent l'on prend trop bas l'unité civique, l'élément urbain premier. A prendre pour telle la demeure, sous prétexte quelle est avant tout une agglomération de maisons, ce qui n'est voir que superficiellement, on a retardé longtemps l'avancement de l'art civique moderne et l'on a fait en sorte que pour beaucoup de citoyens, et même d'architectes, **la maison ou l'édifice cache la ville** ».

« En réalité, l'unité civique est le « quartier ». Le cœur lui-même de la cité, cellule originelle et génératrice, doit être considéré comme un premier quartier central ».

A vrai dire, nous n'aimons guère ce qualificatif de civique, cher à l'école belge. En bon français, en effet, cet adjectif doit se rapporter non à la **cité** mais aux **citoyens** : le courage civique, par exemple, les qualités civiques, sont le courage ou les qualites de l'homme en tant que citoyen, et non le courage ou les qualités de la cité. Aussi dirons-nous plus correctement : « le noyau de constructions publiques et privées qu'est le « **quartier** » est **l'unité urbanistique** : une agglomération urbaine se compose d'un certain nombre d'unités de ce genre, dont la **principale** a souvent été la « **génératrice** », et en tout cas, est actuellement **l'animatrice** de celle-ci »

CHAPITRE II

ÉCLOSION DES AGGLOMÉRATIONS URBAINES

Les agglomérations urbaines peuvent naître de deux manières :

1° De façon spontanée, c'est la **manière naturelle.**

2° Par acte exprès d'une volonté humaine, individuelle ou collective, décidant de propos délibéré la création d'une agglomération urbaine dans un site géographique déterminé plus ou moins heureusement choisi.

Il en fut ainsi de tout temps, Babylone, Ninive, nombre de villes égyptiennes créées par des Pharaons prés des temples élevés par eux, la plupart des colonies grecques et romaines, et de nos jours, la presque totalité des villes du nouveau monde rentrent dans cette catégorie que nous qualifions de **manière artificielle.**

Cette dernière ne nous retiendra pas, pour l'instant tout au moins, car dans ce cas, l'influence de l'homme est prépondérante sur la forme que revêtent de telles agglomérations.

Leur étude peut être intéressante pour suivre l'évolution de l'idéal successif qu'il s'est formé de l'aménagement urbain ; mais précisément par suite de l'effort fait par lui pour le réaliser, au risque même de méconnaître sciemment ou inconsciemment les lois naturelles que nous recherchons, elle est peu propre à nous renseigner sur ces dernières.

Restent les agglomérations que nous avons rangées dans la première catégorie, c'est-à-dire celles dont les cellules urbaines que sont les habitations se sont agrégées progressivement au cours des âges de façon plus ou moins rapide, suivant un plan et un processus qui n'a pas été, dès l'origine, sous l'influence **consciente** de la volonté humaine.

Elles constituent la **flore urbaine spontanée d'un terroir** donné dont les autres sont, en quelque sorte, les **variétés cultivées.**

§ I. — Unité urbanistique principale. — Noyaux générateurs d'agglomération urbaine.

« Omne vivum ex ovo » dit-on. Tout être organisé sort d'un embryon, il doit donc en être ainsi des êtres collectifs que sont les agglomérations de construction constituant cette *flore spontanée*.

On peut, en fait, vérifier qu'elles se forment autour d'un noyau générateur qu est leur origine, se développe proportionnellement au fur et à mesure de leur croissance et reste le plus souvent la tête et le cœur de tout l'organisme, si considérable soit-il, qu'elles finissent par constituer.

C'est ce que l'on appelle dans le langage courant le « centre » de l'agglomération.

Nous préférons lui donner celui d'**unité urbanistique principale,** de « **noyau générateur** », pour éviter les confusions pouvant résulter de cette expression de centre qu'on emploie le plus souvent au sens figuré.

Au sens propre, en effet, un centre ne saurait être une surface, mais un point de l'espace ayant certaines propriétés géométriques.

Même en s'en tenant à ce sens strict, on peut distinguer, rien qu'au point de vue topographique, plusieurs centres pour une même agglomération, ainsi par exemple :

1° Le centre de figure de l'aire circonscrite par les lignes formant les limites administratives de celle-ci.

2° Le centre de figure de l'aire recouverte de constructions formant cette agglomération, de sa surface bâtie.

Le plus souvent, ces points ne coïncident pas entre eux et ne tombent même pas parfois dans l'aire du *quartier de cette agglomération constituant* son « noyau **générateur** ou **animateur.** ».

Au sens figuré, le nombre des « centres » que l'on pourrait distinguer dans une même agglomération est très grand, surtout si elle constitue un organisme très évolué, car alors chacune des « fonctions » de celui-ci peut comporter « un organe central » qui peut, au point de vue spécial envisagé, être considéré comme le « centre » de l'agglomération, bien que son emplacement dans celle-ci ne coïncide assez souvent ni avec le noyau générateur et animateur, ni avec l'un des centres topographiques auxquels nous avons fait allusion ci-dessus.

§ II. — Conditions de formation des noyaux générateurs d'agglomération

Pour que les cellules urbaines que sont les habitations, s'agglutinent sur un site donné en **noyau générateur d'agglomération**, deux conditions sont nécessaires :

La première est que ce site soit favorable à l'établissement de l'homme par suite de la présence d'un certain nombre de facteurs lui assurant « des moyens d'existence », et avant toutes choses, celui de s'alimenter en eau potable.

Nombreuses sont les contrées où la rareté des « points d'eau » limite le nombre même des emplacements possibles des habitations humaines, et, par conséquent, ceux des groupements éventuels de celles-ci en agglomération. A vrai dire, cette rareté même a, dès lors, pour conséquence presque inévitable, l'éclosion sur ces points d'eau, d'une de celles-ci, en sorte que ce qui *en réalité n'est qu'une possibilité*, devient pour ainsi dire une cause, rangeant la source ou le puits banal parmi les particularités urbanistiques *constituant un* « germe » *de noyau générateur d'agglomération.*

Dans les *régions géographiques où la rareté* des emplacements favorables à l'établissement humain n'agit pas de façon si tyrannique, qu'elle fasse de cette simple possibilité d'établissement la condition, non seulement nécessaire mais à elle seule presque suffisante, de l'éclosion de l'agglomération urbaine, la seconde condition indispensable pour que celle-ci ait lieu, est l'existence d'un « **germe** » capable de déterminer l'apparition d'un noyau générateur.

A) *Germes de noyaux générateurs de l'agglomération*

Ce germe consistera en une particularité urbanistique ou anthropogéographique rendant nécessaire ou avantageux le groupement d'un certain nombre d'individus ou de famille en **une union plus ou moins étroite et consciente** : en communautés ou communes.

Une première cause d'union entre les hommes est la nécessité d'assurer leur **sécurité commune.**

C'est pourquoi beaucoup d'agglomérations urbaines se sont constituées dans des sites, soit naturellement favorables à la défense, îles ou presqu'îles entourées de rivières ou de marais ; collines ou montagnes plus ou moins escarpées dominant la contrée environnante et permettant d'en surveiller les abords, soit rendus tels par l'édification de main d'homme d'ouvrages fortifiés.

Dans ce type d'*agglomération, le germe du noyau générateur* est l'acropole, l'oppidum, la citadelle, le château fort ou le palais fortifié, dans lesquels ou autour desquels se développe celle-ci ; Ninive, Babylone, Athènes, dans l'antiquité, au moyen-âge, une foule de localités écloses autour d'un Castrum ou d'un château fort seigneurial appartiennent à cette catégorie.

Une seconde cause d'union entre les hommes est la communauté de croyance entraînant la **communauté de culte** et favorisant les groupements de familles, temporairement ou de façon permanente, autour du lieu où s'accomplissent les manifestations rituelles de celui-ci, d'un « sanctuaire ».

Beaucoup de villes pharaoniques, nombre de villes indiennes rentrent dans cette catégorie à laquelle appartient aussi la foule des localités écloses dans les temps modernes autour d'une église ou d'un monastère, lieu de pèlerinage, ou même simple paroisse.

A vrai dire, il est parfois difficile, beaucoup d'agglomérations possédant et la forteresse et le sanctuaire, de déterminer si c'est le sanctuaire qui a engendré la forteresse ou la forteresse qui a engendré le sanctuaire, car la protection que l'homme recherche contre ses ennemis a un double point d'appui ; l'un matériel : les obstacles défensifs, soit naturels qu'il utilise, soit artificiels qu'il réussit à créer, l'autre moral qui est celui qu'il se croit en droit d'espérer d'une divinité tutélaire par la possession d'un totem, d'un palladium, d'une relique.

La possession d'un tel objet est si précieuse qu'il convient de l'assurer contre les coups de main possibles de l'adversaire, d'où la nécessité, soit de placer le sanctuaire qui la renferme dans un lieu dont la défense est naturellement facile, soit d'entourer le sanctuaire de défenses artificielles qui en font une forteresse.

Mais ces deux germes de noyaux générateurs d'agglomérations ne sauraient à eux seuls, dans l'état actuel de notre civilisation, en déterminer d'une très grande importance, si, en outre, le « lieu » ou site géographique n'offre des particularités avantageuses pour la grande cause créatrice de liens communs entre les hommes : « **Le travail** » soit industriel, soit commercial.

Celles dont le noyau générateur a **exclusivement** pour germe la forteresse ou le sanctuaire, arrivées à un certain degré de développeme restent stationnaires ou même déclinent.

Beaucoup ne constituent plus à l'heure actuelle que des sites touristiques dont le pittoresque, l'archaïsme, et les souvenirs historiques qui y sont attaches, peuvent nous plaire et nous attirer, mais auxquels on donne le qualificatif peut-être pas tout à fait exact (car une vie sociale continue à les animer), mais en tous cas significatif, de « villes mortes ».

Beaucoup de celles qui naissent actuellement, et en tous cas celles, d'origine ancienne ou récente, dont la croissance continue de façon progressive sont celles dont le noyau générateur a, par suite de particularités du lieu favorables au « Travail » industriel ou commercial, pour germe un « **atelier** » industriel ou commercial.

Il en est ainsi depuis la préhistoire et l'on a souvent relevé des traces d'agglomérations relativement importantes sur ou au voisinage des gisements : carrières de silex, mines ou minières de cuivre ou de fer, d'où nos ancêtres tiraient leur armement ou leur outillage.

Dans les temps actuels, il suffira de rappeler le développement ou l'éclosion soudaine de villes, ou la transformation rapide de certains villages de très médiocre importance, par suite du forage d'un puits de mine ou de l'établissement d'une usine. Les exemples abondent autour de nous.

Mais à lui seul, l'atelier industriel, sauf en des cas très exceptionnels, n'engendre pas d'agglomérations importantes, à moins que celles-ci ne soient déjà ou ne deviennent de ce fait des centres commerciaux.

C'est, en effet, le « **travail commercial** » qui a été de tous temps, et est à notre époque tout particulièrement, le générateur des grandes agglomérations. Au point que, n'était le souci de l'exactitude scientifique, on pourrait le considérer comme le seul dont il y ait lieu de tenir pratiquement compte.

Il en est ainsi parce que l'échange des produits utiles à l'homme qui est l'essence de ce travail a pour effet de nécessiter :

1° La réunion au moins temporaire d'un assez grand nombre d'individus en vue de cet échange.

Celle-ci doit nécessairement se faire sur un espace terrestre qui, de ce fait, prend un caractère anthropogéographique et urbanistique particulier : c'est **« le champ de foire ou marché »**.

2° La circulation de ces individus et des produits qu'ils transportent par des moyens divers dont le plus primitif est le portage, de leur lieu de production au lieu ou aura lieu l'échange.

Il en résulte des **courants circulatoires** qui, par suite de leur fixité relative, finissent par s'inscrire sur le sol d'une façon plus ou moins nette sous forme de **pistes ou voies de transport.**

Ces pistes ou voies de transport se divisent naturellement en **sections** de plus ou moins grande longueur kilométrique, suivant la nature du mode de transport employé, jalonnées par des points de stationnement, soit pour le repos, soit pour l'échange, qui sont les **points** ou **lieux d'étapes.**

Or il y a, pour des raisons dans le détail desquelles il serait trop long d'entrer ici, coïncidence presque constante entre le tracé des pistes ou voies de transport commercial et celui des voies d'invasion.

Il en résulte que, les lieux d'étape commerciale sont presque toujours des lieux d'étape militaire, que, souvent des places fortes ont donné naissance à des marchés assez importants et que, les grands « emporia » sont presque tous devenus des places fortes ou des points stratégiques.

De leur côté, les grandes voies de pèlerinage ont également suivi le tracé des grandes voies commerciales ou ont fini par en devenir.

Il est bien rare qu'autour des sanctuaires, objets d'une grande vénération, ne finisse pas par s'installer une foire ou marché et que les vendeurs n'envahissent les abords du temple si ce n'est le temple lui-même.

Inversement, l'affluence des foules dans un grand lieu de commerce donne aux croyances et dévotions locales de celui-ci une célébrité qui fait de ses sanctuaires, les centres d'une attraction religieuse et morale très avantageuse pour le maintien et le développement de son influence économique.

Par suite de ces coïncidences, on peut dans une étude sommaire comme celle-ci, se contenter d'étudier les répercussions qu'ont sur l'éclosion et le développement des agglomérations urbaines, les travaux de transport et d'échange commerciaux.

B) *Le champ de foire ou marché*

C'est un fait que le désir ou la nécessité d'échanger les produits de leurs travaux de cueillette, d'extraction, de culture, ou de fabrication contre d'autres ont rapidement amené les êtres humains, dès l'époque néolithique semble-t-il, à se réunir périodiquement dans certaines clairières, landes ou prairies devenant de ce fait le rendez-vous traditionnel et le marché, soit des membres de la même tribu, soit de différentes tribus ; beaucoup d'Oppida celtiques semblent n'avoir été que des primitifs champs de foire de ce genre entourés d'une muraille dans un but défensif.

Naguère encore les populations rurales de certains cantons de la Bretagne ou de la Normandie fréquentaient des champs de foire de ce genre, parfois relativement éloignés de toute agglomération mais consacrés par des habitudes séculaires.

C'est le même mobile qui, dans les régions flamandes où l'exploitation rurale isolée est la règle, a donné naissance à ce petit centre embryonnaire de vie sociale qu'est la « place », dont l'agglomération bâtie se réduit parfois à l'église paroissiale et à quelques cabarets, dont l'un sert encore quelquefois de maison communale et dont les autres sont des lieux de tractation où les marchés se traitent le verre en main.

C'est dans des endroits de ce genre que les populations agricoles sédentaires rencontraient les colporteurs et les caravaniers que furent les premiers commerçants.

Quand le développement des relations commerciales primitives eut augmenté le volume des transactions de ce genre, quelques individus, les mieux doués pour ces dernières, s'avisèrent de l'intérêt qu'il y aurait à s'établir de façon permanente à proximité du lieu traditionnel des échanges, pour être les premiers à entrer en contact avec les commerçants nomades, soit pour leur acheter leur pacotille, soit pour leur vendre les produits locaux.

Ils édifièrent dès lors, autour de cet emplacement, des échoppes où ils purent entreposer les produits à échanger. Ainsi se trouva constitué ce point de cristallisation sociale, ce noyau générateur autour duquel l'agglomération urbaine vint par la suite se condenser en couches successives.

Il semble bien, au dire de nos érudits locaux, qu'à Lille, les choses se soient passées de la sorte.

A proximité de l'antique piste qui, dans une direction générale N.-E.-S.-O. traversait les marais de la Deûle en suivant approximativement le parcours des rues actuelles de Saint-Jacques, des Chats-Bossus et Basse, longeait le « castrum » des comtes de Flandre, au voisinage de la Place Saint-Martin actuelle, existait une prairie qu'entouraient les méandres du lit primitif de la Deûle, communiquant avec la piste ci-dessus par une voie devenue l'actuelle rue Grande-Chaussée.

Cette prairie fut assez rapidement un lieu important de transactions et c'est là que, dès l'origine, semble-t-il, et jusque sous Louis-Philippe, se tint tous les ans la « foire de Lille ».

Cette place qui, jusqu'à la Révolution, s'appela conformément à son origine et à sa fonction urbanistique, « place du Marché », est aujourd'hui la « Grand'Place » qui est et restera encore longtemps le centre de la vie économique de l'agglomération lilloise.

Ainsi donc, parmi les particularités urbanistiques susceptibles de constituer des germes de noyaux générateurs d'agglomérations, il convient de placer au tout premier rang, le « **Forum** » champ de foire ou marché.

Ce n'est pas seulement dans la formation du corps urbain que ce dernier a joué un rôle important, mais encore dans celle de l'être collectif moral qui anime celui-ci. Dans l'antiquité, comme au moyen âge, et même de nos jours, il y a souvent identité entre l'organe central économique de l'agglomération qu'il constitue et l'organe central politique de celle-ci qu'est dans les démocraties « **l'Agora** », la place publique où les citoyens se rassemblent pour discuter entre eux des intérêts de la cité.

6) *Les voies de transports.*

Le second effet du travail commercial a été, on l'a vu, de créer ces « courants » de circulation et de transport des êtres humains et des produits d'échange dont la constance et l'antiquité ne laissent pas de nous déconcerter.

Quelques-uns en effet, telle que la voie de l'ambre, datent de l'époque néolithique, et c'est, dès lors, qu'apparaît le premier linéament de ce réseau mondial de communications qui enserre à l'heure actuelle toute la surface du globe.

Ce n'est pas seulement par leur antiquité que ces courants circulatoires nous étonnent, c'est aussi par la distance parfois considérable des points de cette surface entre lesquels ils établissent des contacts.

C'est par le moyen de **voies de communications**, modifiant plus ou moins profondément l'état primitif du lieu, que ces points se trouvent être ainsi reliés entre eux.

Mais ce n'est pas seulement entre ces extrêmes qu'une liaison et un contact se trouvent ainsi établis, c'est en réalité entre **chacun des points du parcours de cette voie et tous les autres** que l'un et l'autre se trouvent ainsi assurés.

Aussi peut-on dire que chacun d'eux est **virtuellement** favorable à l'éclosion tout au moins d'une de ces cellules élémentaires d'un noyau générateur d'*agglomération* que sont les habitations.

Pour ces dernières, la « voie » détermine sur chacun de ses bords, un **champ d'attraction** plus ou moins intense suivant l'influence qu'exerce dans le même sens ou en sens contraire un certain nombre d'autres facteurs. Cette attraction agit parfois d'une façon presqu'aussi tyrannique que celle du point d'eau dans d'autres contrées, pour déterminer la possibilité ou la non possibilité d'éclosion d'une agglomération urbaine.

Il en est ainsi notamment dans les contrées où, en dehors des voies naturelles ou artificielles de communication, le territoire est de pénétration difficile, soit parce qu'il est marécageux ou facilement inondable, soit parce qu'il est recouvert d'une végétation forestière plus ou moins inextricable.

On voit alors souvent le noyau générateur d'agglomération urbaine devenir **filiforme**, et les cellules urbaines que sont les habitations, former une **rue unique** soit le long des digues constituant une route terrestre ou des canaux formant une voie navigable, comme dans la Flandre maritime, la Hollande, le pays de la Lys ; soit encore le long des voies routières tracées au milieu d'interminables forêts comme il arrive souvent en Russie.

C'est encore ce champ d'attraction déterminé par la voie de circulation qui explique que, là où le noyau générateur d'agglomération conserve néanmoins sa forme usuelle plus ou moins concentrique, la surface urbaine bâtie se prolonge bien souvent autour de ce noyau en faubourgs formant le long des principales routes reliant celui-ci aux autres agglomérations de la région, des **tentacules** s'avançant plus ou moins loin dans la campagne environnante.

On saisit mieux encore l'influence que la voie de communication a sur l'éclosion des noyaux générateurs urbains dans les pays actuellement en voie de peuplement, et où celui-ci s'opère avec les moyens perfectionnés mis à notre disposition par la science moderne.

Dans ces régions, où l'émigrant européen remplace brusquement des populations primitives, les voies commerciales routières sont encore inexistantes, ou à l'état d'ébauche, et c'est le **rail** qui y crée le véritable réseau de voies de communications.

C'est un fait souvent remarqué que les agglomérations urbaines de quelque importance, dont certaines croissent avec la rapidité que l'on sait, se constituent le long de celui-ci à l'endroit des **« stations »**.

Mais si la voie de circulation et de transport crée le long de son parcours un champ d'éclosion possible, quel est le germe qui provoquera la formation effective de noyaux générateurs urbains ?

Ce germe, c'est le **« point de station »** forcée ou volontaire.

Quel que soit le mode de locomotion qu'il emploie, l'homme ne saurait circuler indéfiniment. Il arrive toujours un moment où il doit s'arrêter pour se reposer et s'alimenter ou alimenter les moteurs animés ou mécaniques qu'il utilise.

Il lui faudra toujours gîter, relayer, relâcher, se garer, atterrir, suivant le mode de locomotion, en des points du réseau circulatoire divisé en sections convenables ; ces points sont autant de haltes, d'étapes, de relais, d'escales ou de garages.

Ils se traduisent sur la route par des particularités anthropogéographiques diverses qui sont autant de germes au moins virtuels de noyaux générateurs d'agglomération : auberges, maison de postes, quais, lieu d'échouage, appontements, ports, gares de chemins de fer, terrains d'atterrissage, etc. Car ce sont des « **points de contact** » naturels entre la population sédentaire résidant dans un certain rayon d'une part et celle plus ou moins nomade des transporteurs d'autre part.

A côté de ces points où la « station » est imposée par les exigences du mode de locomotion, il en est d'autres qui ont pour origine le croisement ou la jonction avec un autre réseau circulatoire de même nature ou de nature différente, établissant ainsi entre les uns et les autres d'autres « points de contact » nécessaires (jonction d'une voie navigable maritime avec une voie routière, ferrée, de navigation intérieure), ou simplement possibles (comme au croisement d'une voie routière et d'une voie navigable intérieure, par exemple).

Aussi les carrefours, les bifurcations, les gués, les confluents, les estuaires, les jonctions, les ponts, les ports sont-ils des accidents anthropogéographiques susceptibles de constituer des germes de noyaux générateurs d'agglomération.

On le voit, ces derniers, le plus souvent, ne sauraient éclore au hasard et suivant le caprice de la volonté humaine. Leur formation, l'existence même du germe qu'ils doivent contenir sont régies par des facteurs géographiques, économiques, sociaux, indépendants de cette volonté.

C'est donc en vain que celle-ci tenterait de déplacer le noyau générateur de l'être vivant qu'est une agglomération urbaine, si ce déplacement n'est pas lui-même une conséquence naturelle du jeu des lois réglant l'évolution des agglomérations urbaines.

C'est là une vérité qu'il importe de ne pas perdre de vue lorsqu'on veut établir un bon plan d'aménagement et d'extension d'une localité donnée.

§ III. — Conjugaison de noyaux générateurs.

Comme on vient de le voir, les germes susceptibles de déterminer la formation de noyaux générateurs d'agglomérations urbaines sont en nombre assez considérable.

Il arrive même assez souvent qu'un certain nombre d'entre eux se rencontrent, soit dès l'origine, soit au cours de son développement historique, sur le territoire primitif ou ultérieur d'une même agglomération.

Pour les raisons détaillées ci-dessus, c'est même assez généralement le cas pour celles destinées à prendre dans la suite des temps une grande importance, à devenir des métropoles régionales ou nationales.

Dans ce cas, en effet, elles sont presque toujours à la fois centre économique important, centre religieux notable et point stratégique intéressant.

Qu'adviendra-t-il dès lors des noyaux générateurs que chacun des germes coexistants est susceptible de faire éclore ?

a) Ceux-ci vont conjuguer leurs efforts, mais cette conjugaison se fera parfois par voie **d'absorption** des uns par les autres de sorte que certains d'entre eux n'auront plus aucun rôle dans le développement ultérieur de l'agglomération.

C'est ce qui arrive assez souvent pour des noyaux générateurs formés autour d'une forteresse primitive depuis lors disparue, ou n'ayant plus qu'une valeur esthétique ou archéologique, d'un sanctuaire, également disparu ou se rapportant à un culte qui n'est plus actuellement pratiqué par la population de l'agglomération.

b) La conjugaison peut se faire également par voie de **subordination.**

Dans ce cas, certains des noyaux générateurs continuent bien à jouer leur rôle dans le développement ultérieur de l'agglomération, non plus d'une façon générale, mais seulement comme siège d'une des nombreuses fonctions organiques de l'être collectif très complexe qu'est, on l'a vu, une grande ville moderne. Ils forment alors seulement l'un de ces **quartiers** spécialisés auxquels on donne parfois le nom de **centres fonctionnels** ; l'un d'entre eux restant seul l'**animateur** de l'activité générale de l'agglomération, et par conséquent pouvant seul être considéré comme le noyau générateur réel subsistant.

Lorsqu'il en est ainsi, c'est presque toujours, pour nos agglomérations européennes remontant à une époque où le réseau routier était le seul existant, ou tout au moins le plus prépondérant des systèmes circulatoires, le quartier de l'agglomération auquel il a donné naissance par l'existence d'un carrefour, d'un lieu d'étape, d'un point de contact avec un réseau de navigation maritime ou de navigation intérieure naturelle ou artificielle, qui prend alors la première place et devient l'**unique** noyau générateur et animateur de l'agglomération urbaine.

c) Un troisième mode de conjugaison possible entre noyaux générateurs primitifs est celui qui se produit par voie de **combinaison** ou de **composition.**

C'est ce qui arrive lorsque plusieurs d'entre eux conservent ou acquièrent un rôle égal dans le développement actuel de l'agglomération.

Il en est ainsi surtout lorsque coexistent dans une agglomération des noyaux générateurs éclos de systèmes circulatoires différents : un **port** par exemple et un **carrefour de réseaux routiers** ne coïncidant pas avec celui-ci, ou bien encore un **siège gouvernemental,** national ou régional nettement distinct du quartier de l'agglomération qui est le **siège de la vie économique** et sociale locale.

Dans ce cas, il se crée entre ces divers noyaux générateurs de l'agglomération une **zone** où la vie urbaine est particulièrement intense, et c'est en réalité l'**ensemble de cette zone et des noyaux générateurs primaires** qu'elle unit qui devient le noyau générateur central véritable, que l'on pourrait qualifier de « composé » (comme il existe des corps chimiques composés) des grandes agglomérations métropolitaines dans lesquelles on rencontre des conjuguaisons de cette espèce.

Au XIXe siècle, le développement du réseau moderne de voies de circulation rapide qu'est le « chemin de fer » a eu pour effet de multiplier beaucoup le nombre de noyaux générateurs composés de ce genre.

La gare en effet étant une « **station** » de la voie ferrée est une véritable étape ou escale de ce système circulatoire ; bien plus, si plusieurs lignes se rejoignent elle devient un « carrefour ferroviaire » de plus ou moins grande importance. Rien d'étonnant dès lors qu'elle devienne le germe d'un noyau générateur d'agglomération, ou que, si on l'établit dans un quartier déjà bâti, elle le transforme et lui donne une importance tout particulière.

Cette dernière a parfois paru telle, surtout lorsqu'il s'agit d'une **gare centrale,** c'est-à-dire qui est le siège d'une jonction importante de voies ferrées, et lorsque cette dernière est située dans un voisinage suffisant du **noyau générateur** antérieur de l'agglomération, qu'on a cru qu'elle avait remplacé ou finirait par remplacer ce dernier.

En réalité, il est loin d'en être ainsi, au moins dans la généralité des cas.

Il suffit, pour s'en convaincre, d'examiner ce qui se passe lorsque la station ferroviaire se trouve à une distance un peu considérable du noyau générateur antérieur de l'agglomération, comme à Cassel ou à Bailleul par exemple. C'est ce dernier qui est resté le quartier principal de la vie sociale.

Il en est même ainsi quand il s'agit d'une gare centrale constituant un port ferroviaire d'extrême importance.

Ni à Paris, ni à Lyon, ni à Bordeaux, les quartiers où sont situées les grandes stations ne sont devenus ceux constituant les foyers animateurs centraux actuels de ces agglomérations.

Ceux-ci sont restés là où ils étaient antérieurement, c'est-à-dire le plus souvent dans les quartiers qu'avaient créés les champs de foire ou marchés, et le système de circulation routière en relation avec ceux-ci.

Il continuera sans doute d'en être ainsi, car ce dernier système circulatoire, dont l'importance économique avait pu paraître décliner au cours du XIXe siècle devant la concurrence de la voie ferrée, voit maintenant celle-ci **prendre un nouvel essort** sous l'influence de la locomotion mécanique avec ou sans rail, sur plate-forme routière.

Le phénomène urbanistique qui en est résulté parfois, notamment à Lille, a été de créer, dans la zone comprise entre le noyau générateur central antérieur et le noyau générateur nouveau éclos sous l'influence de la « station » du système circulatoire ferroviaire, un de ces **noyaux composés** que nous avons appelé **« quartier métropolitain »**.

Le XXe siècle a vu éclore un nouveau système de circulation et de transport qui n'en est qu'à ses débuts : la locomotion aérienne.

Il est encore fort tôt pour pronostiquer l'influence urbanistique que pourra avoir l'existence des lieux d'étapes ou d'escales que seront les terrains d'atterrissage dont elle provoquera l'aménagement.

On les appelle aussi « ports aériens ». Ceci paraît assez judicieux, la navigation maritime et la navigation aérienne ont en effet des analogies sensibles. Leurs voies par exemple pour toutes deux s'effectuent dans des milieux qui, contrairement au sol, sont, jusqu'à ce jour tout au moins, pratiquement **intransformables.**

Les points du sol où ces voies prennent contact avec le « plancher des vaches » sont susceptibles de présenter un certain nombre d'analogies. Il y a donc certaines chances pour que l'influence urbanistique des « ports » aériens soit assez semblable dans son ensemble à celle qu'exercent les particularités anthropogéographiques que sont les « ports » maritimes.

Quoi qu'il en soit, nous pensons avoir établi que les agglomérations urbaines, grandes ou petites, sont constituées essentiellement d'un **noyau générateur, unité urbanistique primordiale** constituant un quartier principal « animateur » de l'ensemble de leur activité, autour duquel et en fonction duquel viennent se former et se grouper les autres portions de l'agglomération urbaine.

CHAPITRE III

CROISSANCE ET ÉVOLUTION DES AGGLOMÉRATIONS URBAINES

§ I. — Champ d'attraction des noyaux générateurs ou unités urbanistiques principales

Quand, dans un site géographique, un noyau générateur se constitue en unité urbanistique principale d'un corps urbain, celle-ci exerce sur une portion plus ou moins grande du *territoire environnant une influence qui* y détermine des phénomènes économiques, sociaux, urbanistisques d'un caractère particulier.

L'influence sociale et économique de l'être collectif dont l'agglomération urbaine est le corps, peut parfois agir très loin ; le champ d'attraction qu'il développe s'étend alors au territoire de toute une région, de toute une nation, voir d'une partie notable de la surface du globe. A leur rôle urbanistique local, ces agglomérations joignent alors un rôle régional, national ou mondial qui en fait des **métropoles** dont le corps urbain doit dès lors comprendre un certain nombre d'organes supplémentaires assurant les fonctions spéciales qu'entraînent ces rôles particuliers.

Quant à l'influence urbanistique proprement dite, elle a aussi pour effet de créer, autour du noyau générateur ou unité urbanistique principale, un **« champ d'attraction »** faisant du territoire contigu une zone différente du surplus de l'étendue rurale environnante.

Cette aire plus ou moins vaste est comme l'atmosphère ou le milieu nécessaire pour que l'organisme urbain vive et se développe. *Il se crée entre les différents* points de celle-ci et le noyau générateur **des liens économiques, sociaux, moraux et même matériels** *qui font que la plupart des phénomènes des différents genres* d'activité humaine qui s'y manifestent, s'opèrent en **fonction** de cette unité *urbanistique*.

Lorsqu'il s'agit d'une agglomération humaine très évoluée, on peut distinguer dans ce champ d'influence et d'attraction plusieurs subdivisions concentriques :

1° Une première zone est celle qui entoure le noyau générateur. Tout comme celui-ci, elle est entièrement couverte de constructions publiques ou privées qui se groupent en « unités urbanistiques » constituant les différents « quartiers » de l'agglomération bâtie. L'urbanisation en est d'ores et déjà entièrement réalisée.

2° Une deuxième zone, entourant la première, est celle dont la surface est en voie d'urbanisation. Tandis qu'une portion de son territoire se couvre déjà de constructions, une autre conserve encore un caractère plus ou moins rural. C'est ce que nous appellerons « la banlieue urbaine ». Les constructions peuvent s'y grouper de deux façons différentes :

a) En **faubourgs** qui sont des « unités urbanistiques filiales » en voie de formation.

b) En **agglomérations satellitaires.**

3° Une troisième zone dont le caractère rural est encore presqu'intact mais dont l'urbanisation éventuelle dans un avenir plus ou moins éloigné se laisse pressentir. C'est la « *banlieue rurale* ».

Elle contient aussi des agglomérations « satellitaires ».

4° Enfin, lorsqu'il s'agit de très grosses agglomérations ayant le caractère de métropoles, on distingue encore parfois une zone intermédiaire entre la banlieue proprement dite et le territoire de plus vaste étendue qu'est la région dont cette métropole est la capitale : c'est la « **grande banlieue** ». Là encore on peut noter l'existence d'agglomérations satellitaires.

§ II. — Unités urbanistiques filiales formant le corps urbain

La superficie de l'unité urbanistique qu'est le « quartier », même si celui-ci est le « noyau générateur » simple ou composé de l'agglomération, ne saurait dépasser certaines limites, d'ailleurs variables, suivant la rapidité des moyens de locomotion dont peuvent disposer les habitants.

Tant qu'elles ne sont pas atteintes, l'agglomération urbaine peut être composée simplement de l'unité urbanistique qu'est ce noyau et n'être entourée que d'une banlieue rurale de médiocre étendue. Mais lorsque ces limites le sont, ce n'est plus par simple **agglutination** de nouvelles constructions que pourra se poursuivre le développement urbain.

Alors, en effet, les points périphériques de la surface bâtie deviennent trop distants des endroits, emplacements ou édifices de diverses natures (marchés, mairie, école, église) où se concentre la vie matérielle, économique, morale, sociale et politique de l'être collectif qu'est l'agglomération, généralement peu éloignés les uns des autres, dont l'ensemble constitue ce que l'on a appelé un « centre civique ».

Pour la commodité des habitants, apparaîtront alors spontanément ou seront créés par des autorités prévoyantes, vers la périphérie du noyau générateur, certains éléments constituant des **centres civiques secondaires** : une église sera érigée formant une nouvelle paroisse, des commerçants se grouperont le long de certaines artères ou places et en feront des voies commerciales ou des marchés, des groupes scolaires seront créés De cette manière, pour satisfaire leurs besoins les plus immédiats, les habitants n'auront plus à effectuer des déplacements devenus trop considérables, puisqu'ils trouveront à bonne portée des **foyers annexes** de vie économique et sociale.

Ce n'est que pour satisfaire certains intérêts d'ordre supérieur ou de moindre fréquence, ceux de la vie municipale, administrative et politique, par exemple que la nécessité continuera à s'imposer à eux de fréquenter le foyer primitive de vie urbaine établi dans l'unité urbanistique principale, auquel ces foyers annexes resteront ainsi subordonnés.

A quel degré d'intensité et de particularisme peut cependant parvenir la vie civique développée dans ces derniers, ce n'est pas à des Lillois qu'il faut l'apprendre, eux qui peuvent se souvenir des luttes épiques existant autrefois entre les « Saint-Maurice » et les « Saint-Sauveur » et dont les filles préféraient parfois le célibat à la perspective de quitter, par un mariage, leur « paroisse » ; où tant de gens ne peuvent se décider à prendre une demeure même plus confortable, en dehors du « quartier » où ils ont pris leurs habitudes. Ainsi donc, quand l'unité urbanistique initiale qu'est le noyau générateur a atteint la limite du développement propre auquel peut parvenir un élément organique de ce genre, c'est par **parturition d'unités urbanistisques filiales**, constituées à son image, qu'elle continue à assurer la croissance du corps urbain de l'être collectif qu'est une agglomération importante.

La surface bâtie de celui-ci se trouve dès lors partagée en un certain nombre de compartiments dits autrefois « paroisses », actuellement « quartiers », qui sont autant d'unités urbanistiques entourant l'unité initiale formée par le noyau générateur et qui lui sont subordonnés.

Mais, de même que tous les enfants de la même mère n'ont pas tous la même physionomie, ni les mêmes aptitudes et que les membres d'une même famille ne se livrent pas tous aux mêmes occupations pour assurer par leur travail l'existence de celle-ci, de même les unités urbanistiques filiales successivement engendrées se différencieront, suivant les particularités locales de leur site ou les circonstances de leur formation, pour se répartir les différentes fonctions de l'organisme urbain nécessaires pour assurer son existence et lui permettre de jouer le rôle régional, national ou mondial qui peut appartenir à l'agglomération considérée.

Il y a donc tendance plus ou moins nette à la **spécialisation** des différents quartiers suivant qu'ils seront ou non le siège de certains organes locaux, régionaux, mondiaux.

On pourra y distinguer des quartiers de grand négoce, de négoce spécialisé (d'alimentation par exemple), de grand commerce de détail, d'administration, sièges de gouvernement, sièges de vie publique, sièges de vie religieuse ou morale, sièges de vie intellectuelle, industrielle, industrielle spécialisée (métallurgie par exemple), de résidence urbaine, de résidence estivale, de zone de contact avec un réseau circulatoire d'un mode de locomotion particulier (gare, port, quais, terrain d'atterrissage, etc.), sanitaire, militaire, etc.

La différenciation sera d'autant plus nette et plus complète que l'agglomération urbaine constituera un organisme plus important et plus évolué.

§ III. — Banlieue urbaine

Au delà de la portion du territoire de l'agglomération urbaine dont l'urbanisation est complète, c'est-à-dire dont la surface est entièrement recouverte de constructions publiques ou privées desservies par un système de voirie complètement tracé et équipé, commencent les banlieues.

Nous employons le pluriel parce que, lorsque l'agglomération est encore en période d'évolution croissante, il convient, nous l'avons dit, d'en distinguer au moins deux :

1° La banlieue urbaine, c'est-à-dire celle dont l'urbanisation est en cours de réalisation.

2° La banlieue rurale, c'est-à-dire celle où cette dernière n'est encore qu'à l'état d'éventualité plus ou moins lointaine, mais qui possède déjà un caractère rural spécial par suite de la proximité de l'agglomération urbaine voisine.

Dans ces banlieues, l'on rencontre **deux types distincts** d'îlots de constructions publiques ou privées, constituant déjà, ou susceptibles de constituer avec le temps, des unités urbanistiques.

Le premier type, qui ne peut du reste se rencontrer que dans la première de ces zones, est le **« faubourg »**. Le deuxième qui se rencontre dans l'une et dans l'autre et même dans la troisième que nous avons nommée la « grande banlieue », quand l'agglomération urbaine en développe autour d'elle une de ce genre, est l'**« agglomération satellitaire »**.

A) *Faubourgs.* — Nous avons déjà eu l'occasion de signaler que, au delà dn territoire de l'agglomération dont l'urbanisation est complète, on voit souvent des groupes de construction former, **parrallèlement aux voies principales de transport** reliant les autres agglomérations de la région avec celle-ci, des tentacules plus ou moins longs s'avançant dans l'étendue rurale environnante comme des racines chargées d'en sucer la substance. Ces minces rubans de constructions, **contigus par une de leurs extrémités** aux unités urbanistiques déjà constituées, en sont en réalité en voie de formation.

Entre eux, dans les mailles que dessinent les voies d'accès vers le territoire dont l'urbanisation est complète, on rencontre des espaces non recouverts de constructions qui ne sont plus tout à fait la campagne et ne sont pas encore la ville.

Ces unités urbanistiques filiales non encore complètement constituées et séparées les unes des autres par des vides, ce sont les « faubourgs ».

B) *Agglomérations satellitaires.* — Dans cette même zone de banlieue se rencontrent d'autres groupes de constructions formant des agglomérations que nous rencontrons encore dans les zones subséquentes mais qui sont plus fréquentes dans cette banlieue urbaine.

Ce qui les caractérise, c'est que par aucun des points de leur surface bâtie elles ne sont encore contiguës à la surface bâtie du corps urbain principal dans la banlieue duquel elles se trouvent.

De ce fait, elles peuvent. à première vue, paraitre indépendantes de ce dernier. D'autant mieux qu'on y remarquera presque toujours la présence d'une au moins de ces particularités urbanistiques pouvant constituer un germe de noyau générateur : sanctuaire, *carrefour de voies commerciales, gare, ateliers;* le plus souvent même celle de plusieurs de ces emplacements et édifices dont l'ensemble constitue un centre civique : marché, église, écoles, etc., et qu'enfin assez fréquemment ainsi **que nous le verrons ci-après,** ces véritables unités urbanistiques, seront aussi des **« unités administratives »** distinctes de celle constituant l'agglomération principale dans la banlieue réelle de laquelle elles se trouvent englobées ; elles formeront une « commune » autonome. Cependant, il n'en est pas ainsi, et. en réalité, elles ne **sont ou ne sont devenues que des dépendances** de cette agglomération principale, c'est pourquoi nous leur avons donné *le nom d'agglomérations satellitaires.*

En effet, c'est à cette agglomération principale qu'elles doivent en grande partie **leur raison d'exister et en tous cas de croître.**

D'après leur origine, ces unités satellitaires peuvent se répartir en deux catégories :

a) *Première catégorie de satellites.* — Le champ d'attraction urbanistique que constitue l'ensemble des différentes banlieues est, dans sa totalité, une aire d'urbanisation éventuelle si une circonstance introduit sur certains points tout au moins, particulièrement favorables, l'un de ces germes nécessaires à l'éclosion d'un noyau générateur d'agglomération. Or, le voisinage d'un corps urbain important a pour effet de faciliter grandement l'apport d'un de ceux-ci dans cette zone.

En premier lieu, ce voisinage peut avoir pour effet de faire naître certains ateliers spéciaux : briqueteries, fours à chaux, carrières de pierre ou de grès, dont les produits trouveront ainsi un écoulement d'autant plus facile que leur prix de revient sera grevé de moindres frais de transport jusqu'au lieu de leur utilisation.

Comme tout atelier de travail, ils sont susceptibles de provoquer dans leurs abords pour loger la main-d'œuvre qui leur est nécessaire des noyaux embryonnaires d'agglomération.

Ils ne sont pas les seuls ateliers, du reste, devant nécessairement ou ayant avantage à s'établir dans une zone non encore couverte de constructions et pourtant voisine de la ville.

Les blanchisseries, les usines ou chantiers utilisant comme matières premières certains des déchets ou détritus de toute nature que produit en abondance la vie urbaine sont encore dans ce cas.

Il en sera de même pour d'autres ayant besoin de grands espaces qu'on ne peut plus *trouver qu'à une certaine distance de l'agglomération bâtie ou simplement* attirés par l'avantage de payer le terrain meilleur marché par suite de cette distance.

D'autres fois ce seront un port ou une gare annexes, une gare de triage, un dépôt ou un atelier de réparation de matériel de chemins de fer, un cimetière, qu'il faudra, faute d'emplacement proche favorable, établir à une certaine distance de l'agglomération urbaine. Bien vite, des noyaux générateurs d'agglomération, groupant les habitations d'une partie de la main-d'œuvre employée dans ces installations se formeront autour de celles-ci.

S'il existe des moyens de transport convenables, le bon marché relatif du terrain pourra, presque à lui seul, provoquer l'éclosion de quartiers résidentiels dont les habitants émigreront dans la journée en ville pour s'y procurer des moyens d'existence.

On voit que toutes ces agglomérations sont bien en réalité des dépendances et des filiales de l'agglomération principale, celle-ci est la cause directe ou indirecte de leur création et elles continuent à en vivre en tout ou en partie. On peut très légitimement les appeler des satellites car elles gravitent bien dans son orbite.

b) Deuxième catégorie de satellites. — Il est une autre catégorie d'agglomérations satellitaires, ce sont celles qui constituent des unités urbanistiques, dont le noyau générateur est, son histoire le prouve, tantôt plus ancien, tantôt aussi ancien tantôt presqu'aussi ancien que celui auquel l'agglomération urbaine principale doit sa formation. La meilleure preuve est qu'administrativement, elles constituent encore des « communes » distinctes de celle-ci.

Effectivement, elles n'étaient pas originairement des satellites car elles étaient en dehors des banlieues primitives ; mais l'aire qu'est le champ d'attraction urbanistique constitué par les banlieues est d'étendue *variable, laquelle peut croître sous* l'influence de deux facteurs principaux.

Le premier est la croissance même de l'agglomération principale. Lorsque son noyau générateur a amené aux limites qu'elle peut atteindre l'unité urbanistique originelle, elle engendre sur le territoire des banlieues primitives des unités filiales qui réduisent d'autant l'étendue de celui-ci. Mais, comme il doit toujours exister, entre la masse formée par le corps urbain et la pleine campagne, cette zone intermédiaire constituée par la ou les banlieues, il faut bien, pour qu'il en soit ainsi, que cette zone **englobe successivement à sa périphérie extérieure des territoires qui n'y étaient pas primitivement inclus.**

Le second est la rapidité croissante des transports qui, en rapprochant les distances, étend considérablement la « zone d'attraction » possible. Devant revenir ultérieurement sur les conséquences de ce facteur, nous ne l'indiquerons ici que pour mémoire.

Il en résulte que tôt ou tard, des unités urbanistiques, engendrées par des noyaux générateurs primitivement distincts de celui ayant constitué l'agglomération dont l'aire d'attraction s'est accrue par suite des facteurs ci-dessus, **finissent par y être englobées elles-mêmes dans cette aire et par devenir satellitaires.**

Ce sont bien réellement des satellites parce que leur accroissement ultérieur n'a plus pour origine, en grande partie tout au moins, le foyer de vie civique et sociale situé dans leur noyau générateur *propre*.

Si des ateliers s'établissent sur leur territoire communal ce seront des annexes ou des concurrents de ceux situés sur celui de l'agglomération principale.

Si leur nombre d'habitants va croissant c'est que beaucoup de personnes y ayant établi leur résidence pour divers motifs, vont gagner, dans la grande agglomération voisine, leurs moyens d'existence.

Du reste, l'accroissement continu, et parfois très considérable d'une période à l'autre de leur population s'oppose nettement à la stagnation, voire même à la diminution, de celles des communes assez proches, non encore comprises dans ces banlieues ou comprises dans ces portions de banlieues dont l'urbanisation ne peut encore être envisagée qu'éventuellement. **Il est impossible dès lors de nier que la cause réelle de leur accroissement est le fait qu'elles sont entrées dans la zone d'attraction de la grande agglomération voisine.**

Malgré leur origine historique distincte, **malgré l'autonomie communale que des divisions administratives surannées laissent encore subsister,** de telles unités urbanistiques n'offrent plus de différences essentielles avec celles de la première catégorie, qui, du reste souvent, se sont formées en groupes de constructions distinctes sur une partie de leur territoire municipal.

Les unes et les autres sont donc bien des « satellites » à des degrés divers suivant leur **distance** *de la grande unité principale constituée* par le noyau générateur ou du quartier métropolitain de la grande agglomération urbaine.

Un jour vient parfois du reste où les faubourgs de celle-ci prolongeant leurs tentacules dans la direction des satellites et eux-mêmes ayant vu leurs constructions en former d'autres le long des voies de communication, les unes et les autres finissent par se rejoindre.

Ce jour-là l'agglomération satellitaire passe à l'état de faubourg, en attendant peut-être que le corps urbain continuant sa croissance et ce faubourg nouveau achevant son évolution, ce dernier ne soit plus qu'une des unités urbanistiques intérieures, un « quartier », d'une agglomération devenue très considérable.

On conçoit sans peine que la partie du champ d'attraction urbanistique que nous avons appelée banlieue urbaine soit celle qui, au point de vue du plan d'aménagement et d'extension, offre la plus grande importance.

En effet, **c'est celle dont l'urbanisation est en train de s'opérer spontanément, d'une façon plus ou moins heureuse, c'est donc celle pour laquelle un plan d'aménagement et d'extension judicieux offre un intérêt immédiat et capital.**

Pour ce qui est de la surface bâtie, constituant le corps urbain, ce plan en effet vient souvent trop tard. Sauf circonstances spéciales, incendies, tremblements de terre, bombardement, ayant détruit des portions importantes de cette surface, les modifications, les embellissements, les assainissements, que l'on peut y projeter entraîneraient à de telles dépenses que, dans la pratique, les autorités compétentes hésitent souvent à les réaliser ou ajournent les réalisations, adoptées en principe, pour une époque où les finances de l'agglomération seront plus prospères, laquelle n'arrive jamais.

Quant à la banlieue rurale, si son urbanisation possible est une de ses carastéristiques, une autre est, que dans l'ensemble, celle-ci reste éventuelle et qu'il est encore actuellement fort difficile de déterminer l'époque où elle se réalisera.

Elle aura du reste pour effet de faire passer la portion de banlieue rurale qu'elle touchera dans la zone de la banlieue urbaine.

C'est dire que le plan d'aménagement et d'extension n'a qu'un intérêt plus secondaire et plus lointain pour la banlieue rurale.

La zone de banlieue urbaine par contre, **est par définition, celle dont l'urbanisation est en cours de réalisation** parfois lente, parfois excessivement rapide. Cette croissance du corps urbain, suivant qu'elle s'opérera heureusement ou malheureusement, fera de celui-ci un tout harmonieux, ou au contraire lui infligera un certain nombre de défauts de conformation dont il souffrira pendant toute son existence ultérieure. Un plan d'aménagement et d'extension bien conçu, en guidant heureusement cette évolution du corps urbain peut lui permettre d'éviter ces malformations. **Elles sont presque fatales, quand celui-ci n'existe pas** comme c'était le cas en France avant la loi du 14 mars 1919 et **que l'urbanisation spontanée s'opère au gré des seuls intérêts privés, ou d'intérêts collectifs représentant seulement des fractions de l'agglomération urbaine réelle.**

Ce dernier cas se présente fréquemment car la zone de la banlieue urbaine s'étend souvent sur des portions de territoire de communes différentes et se trouve ainsi **administrativement fragmenté entre plusieurs autorités dont les vues manquent de cohérence.**

Qu'arrive-t-il dès lors en cas d'absence d'un plan général d'aménagement et d'extension ? C'est ce que nous allons rechercher par la méthode d'observation.

C. — *Processus défectueux de l'urbanisation spontanée de la banlieue urbaine.* — Il peut arriver qu'une agglomération urbaine se trouve, par suite de circonstances défavorables dans une de ces périodes pendant lesquelles les sources de son activité économique, et conséquemment le nombre de ses habitants décline ou reste stationnaire ; et où, par suite, bien loin que croisse le corps urbain par l'édification de nouveaux ateliers de travail industriel ou commercial, ou de nouvelles demeures, celui-ci se trouve déjà plus vaste qu'il n'est nécessaire et n'ait pas dès lors tendance à se développer.

Mais si ce corps est en bonne santé, il est **normal** que l'agglomération bâtie ait tendance à croître par l'édification de nouveaux ateliers de travail et de nouvelles demeures pour la population qui trouvera dans ceux-ci des moyens d'existence.

C'est dans les banlieues diverses, mais plus spécialement dans la zone en voie d'urbanisation que nous examinons, que s'élèveront les uns et les autres.

En l'absence d'un plan d'ensemble auquel ils soient tenus de se conformer, les propriétaires des anciens champs devenus les terrains sur lesquels ces constructions

se bâtiront, y traceront une voirie uniquement conçue de manière à obtenir le maximum de profit suivant la conformation plus ou moins heureuse de leur propriété particulière.

C'est dire que, le plus souvent, **le souci hygiénique sera sacrifié,** soit délibérément, soit par ignorance, **la largeur donnée aux voies insuffisante,** car celle-ci constitue un terrain improductif qu'il convient de réduire au minimum, la dimension des lots, surtout souvent en profondeur, insuffisante pour que l'insolation soit satisfaisante sur toutes les faces. Ces artères ainsi créées fréquemment en vue de la mise en valeur, sans que l'intéresé se soit soucié de se mettre d'accord avec les détenteurs des propriétés voisines, ou ait pu y parvenir, **s'arrêteront en cul-de-sac, à la limite de son domaine,** ou décriront à l'intérieur de celui-ci des zigzags qui en feront, non des *artères de circulation véritable, mais* **des séries de courettes** *communiquant* avec les rares chemins ruraux ou d'exploitation dont on n'aura pas le plus souvent *songé à temps à augmenter la largeur primitive insuffisante pour de véritables* artères de la circulation urbaine.

Chaque particulier détenteur d'un terrain à bâtir, étant susceptible d'agir de même, on voit d'ici à quel résultat harmonieux et rationnel l'urbanisation spontanée *aboutit, même si toute la banlieue urbaine est située sur le territoire d'une seule et* même administration communale, au cas où celle-ci ne possède pas un plan préalable d'aménagement et d'extension.

Lorsque l'agglomération est devenue un peu importante il est bien rare que tel soit le cas. La zone en voie d'urbanisation est alors fragmentée **entre une série d'administrations communales** qui, même si chacune d'entre elles avait tout le degré de culture urbanistique souhaitable, auront tendance à n'examiner le problème et ne pourront même légalement le faire **qu'au point de vue particulier de la portion de l'ensemble qui dépend de leur commune, en fonction de cette dernière et non en fonction du grand organisme** dont cette commune n'est qu'un fragment.

C'est-à-dire que même si toutes se souciaient d'élaborer des plans d'aménagement et d'extension, le résultat final risquerait cependant lui aussi d'être plus ou moins incohérent, faute d'accord préalable et de **conception d'ensemble** d'une largeur de vue suffisante.

Mais le plus souvent toutes ne le feront pas, car elles ne sont pas toutes tenues à le faire. Pour qu'il y ait obligation, il faut que la population de la commune ait atteint un certain chiffre : 10.000 habitants, ou que si elles ont plus de 5.000 habitants, la population ait augmenté de plus de 10 % entre deux recensements quinquennaux consécutifs. Pour les communes primitivement rurales comprises en totalité ou en partie dans la zone d'urbanisation que nous avons appelée banlieue urbaine, **il y aura beau temps que la transformation en portion de ville sera commencée et même peut-être achevée pour la plus grande partie de leur territoire quand ces conditions se trouveront remplies.**

Qu'arrive-t-il en effet quand une commune rurale se trouve entrer virtuellement pour la totalité ou pour une portion de son territoire dans la zone d'urbanisation d'une grande agglomération urbaine ?

Attirés par le bon marché, au moins relatif, où y est encore le terrain par rapport aux autres portions de cette zone plus rapprochée de ce que nous avons appelé le « corps urbain », des gens avisés ne tardent pas à venir y édifier des ateliers ou des *groupes d'habitations venant grossir le noyau générateur de l'agglomération* rurale ou faire éclore celui d'une de ces « unités satellitaires » de première catégorie dont il a été antérieurement question.

L'industriel agissant ainsi, outre l'économie de prix de revient de son usine qu'il peut ainsi réaliser, y trouve souvent un avantage de recrutement de main-d'œuvre. il est ainsi sur le chemin vers la grande ville des populations rurales s'y rendant, tentées par de plus hauts salaires. Il arrive parfois ainsi à les arrêter au passage. En outre, il y retrouve quelquefois une partie de la main-d'œuvre urbaine que la cherté croissante des loyers, dans les quartiers plus anciens et plus centraux de l'agglomération, a refoulée, vers la périphérie de celle-ci, dans ces groupes d'habitations, qu'attirés eux aussi par le bas prix du terrain, ont créé, dans des conditions plus ou moins hygiéniques, des spéculateurs avisés.

Dans ces communes en effet, que l'Administration range et rangera encore longtemps dans la catégorie des agglomérations rurales, **on échappe en fait à une foule de prescriptions des règlements sanitaires ou de voirie imposées dans les communes qualifiées d'urbaines.**

Surtout s'il s'agit de villes importantes, ces prescriptions imposent souvent de plus fortes dépenses de premier établissement et des charges annuelles plus considérables qui empêchent de tirer la **quintessence de la spéculation** *en terrains et en immeubles* de location.

Dès lors, c'est un des avantages qu'industriels et constructeurs de cités ouvrières trouvent à s'installer dans ces communes rurales, que de pouvoir y échapper !

Quant aux municipalités, composées d'agriculteurs le plus souvent nettement hostiles, pour de multiples raisons personnelles, à l'invasion de la commune par l'industrie et la population ouvrière, **elles se gardent bien de faire quoi que ce soit susceptible de favoriser l'urbanisation** ; elles ne continuent à voir que les intérêts immédiats du « bourg » *formant l'ancienne agglomération rurale* dont le plus certain est **de payer le moins possible comme impositions communales.**

C'est dire que l'idée ne leur vient même pas d'étudier un plan d'aménagement et d'extension qui aurait pour effet d'augmenter notablement celles-ci.

L'urbanisation s'effectue donc au hasard, et quand le jour arrive où la commune passe aux yeux de l'Administration de la catégorie rurale à la catégorie urbaine, le mal est fait depuis longtemps et est irrémédiable !

§ IV. — Banlieue rurale.

Au delà de la zone du champ d'attraction urbaine où l'urbanisation est un phénomène en cours de réalisation, s'étend, avons-nous dit, une autre où l'on peut prévoir que cette urbanisation est **susceptible** de se produire dans un avenir encore éloigné. Dans son ensemble, elle conserve encore un caractère nettement rural, sauf peut-être sur *des points peu nombreux où apparaissent* déjà des noyaux encore plus ou moins embryonnaires d'unités urbanistiques satellitaires.

C'est donc en réalité une « **réserve** » dont le corps urbain aura peut-être besoin, dans l'avenir, pour assurer son existence et sa croissance. Or, des **réserves plasmiques** *de ce genre sont nécessaires à tout être organisé pour continuer à croître* normalement. De ce fait, il existe entre la banlieue rurale et le corps urbain un **lien virtuel.**

Mais il en existe déjà un autre plus actuel et plus précis qui fait de cette zone, même au point de vue purement agricole, une région se différenciant nettement du reste du territoire rural environnant.

Il s'y produit en effet des phénomènes de concordance économique et de voisinage social très nets entre elle même et le centre de consommation important qu'est l'agglomération urbaine.

La proximité de ce centre a créé à cette zone des banlieues une situation de fournisseur privilégié d'où il résulte que les exploitations rurales qui s'y trouvent ont une physionomie toute particulière.

On y rencontre certes aussi des ateliers agricoles du même type que ceux du reste de la région voisine située en dehors de cette banlieue rurale, mais, en outre, on peut y noter un grand nombre d'autres types que l'on ne rencontre guère, sauf à l'état sporadique ou sous l'influence de circonstances locales assez spéciales, en dehors de cette zone d'attraction urbaine.

Ce sont par exemple ceux du maraîcher et de l'horticulteur qui utilisent la plus grande partie des engrais et déchets de natures diverses : engrais flamand, crottin, gadoue, etc., spéciaux aux villes ou qu'on peut y récolter avec plus d'abondance. Ceux-ci leur permettent une culture plus intensive et plus industrielle.

Du laitier alimentant en lait et beurre frais l'agglomération, au moins partiellement, et devenu moins éleveur que commerçant. Il y joint souvent une exploitation intensive des produits de basse-cour.

De l'engraisseur de bestiaux, achevant de donner ou de rendre au bétail acheté en pleine campagne le poids nécessaire pour la livraison à la boucherie, lui aussi plus maquignon que producteur.

Jusqu'à ce dernier quart de siècle, ces différents types de fournisseurs du marché urbain voisin jouissaient d'un monopole de fait pour l'approvisionnement de celui-ci en denrées périssables fraîches. Depuis lors, ce dernier s'est trouvé battu en brèche par l'amélioration des modes de transports rapides de ces denrées, ce qui a permis de les faire arriver de plus loin aux centres de consommation dans un état de fraîcheur suffisant. Il est aujourd'hui plus compromis encore par les différents moyens perfectionnés de conservation de ces derniers qui commencent à se répandre.

Néanmoins, la proximité d'un centre naturel de consommation restera pour ces producteurs un sérieux avantage. Transport et conservation coûteront toujours, si peu que ce soit, quelque chose. Pouvant effectuer le premier par leurs propres moyens ou la dépense en étant relativement minime, vu le peu de distance ; pouvant épargner l'autre pour la même raison, ceux-ci auront toujours sur leurs concurrents plus éloignés un avantage non négligeable. Un autre encore est de pouvoir se passer d'intermédiaires entre eux et le consommateur, ou tout au moins d'en voir réduire le nombre.

La zone de la banlieue rurale restera donc le siège de nombreuses exploitations agricoles d'un caractère particulier.

Celles même du type ordinaire jouissent, elles aussi, par suite également de leur situation relativement au centre de consommation, d'avantages identiques sur leurs concurrents plus éloignés.

Il y a donc, on le voit, une action très nette de l'agglomération urbaine sur la portion de l'étendue rurale qui l'avoisine. **Ceci lui donne des droits légitimes sur cette dernière et en fait une de ses dépendances économiques, sociales et urbanistiques.**

Dans cette banlieue rurale en effet pourront également se rencontrer des agglomérations satellitaires en voie d'urbanisation plus ou moins avancée

Tout ce que nous avons dit de ce genre d'unités urbanistiques à propos de la banlieue urbaine peut s'appliquer à celles de ces unités qui sont situées dans cette banlieue rurale.

§ V. — Grande banlieue.

Lorsqu'il s'agit d'agglomérations urbaines ayant le caractère de métropoles régionales ou nationales, au delà de la banlieue rurale, on observe parfois l'existence d'une **zone d'influence intermédiaire** entre cette dernière et la zone formant le territoire de la **région** dont cette agglomération est la métropole.

En fait, il est assez difficile de déterminer avec précision les caractères qui la distinguent exactement de l'une et de l'autre, et s'il faut attribuer les phénomènes qu'on y observe à l'influence d'attraction régionale, ou à l'influence d'attraction proprement urbaine de l'agglomération métropolitaine.

En réalité, on y remarque, au moins sporadiquement, tous les phénomènes d'attraction urbaine que nous avons décrits dans les autres banlieues :

Présence d'ateliers formant succursales ou annexes de ceux de l'agglomération métropolitaine, résidence temporaire ou permanente, dans les agglomérations de la grande banlieue, d'éléments de population émigrant journellement ou périodiquement dans la métropole pour y trouver ses moyens d'existence.

Existence encore d'exploitations rurales spéciales identiques à celles que nous avons signalées dans la banlieue rurale. Il n'y a donc pas **différence de nature** entre les phénomènes urbanistiques de la grande banlieue et ceux des autres zones d'attraction urbaine, mais **différence de degré** par suite d'un éloignement plus considérable du foyer de celle-ci

Les agglomérations, tant rurales qu'urbaines, restent, pour une portion souvent très importante de leur activité et de leur développement, des **foyers autonomes** auxquels l'influence du foyer métropolitain ne fait qu'apporter un supplément d'intensité.

Les unités urbanistiques satellitaires elles-mêmes, que cette influence métropolitaine pourra parfois faire éclore, auront, elles aussi, ce caractère d'autonomie partielle qui en fera des sortes de **« colonies »** estivales ou permanentes.

Une des particularités, en effet, de cette zone de grande banlieue est d'être, souvent tout spécialement, celle de la villégiature ou des excursions dominicales des classes moyennes et populaires de la métropole, bien que les unes et les autres puissent s'effectuer aussi dans la zone plus rapprochée de la banlieue rurale et encore, parfois, dans celle plus distante que constitue l'ensemble de la région.

Peut-être cependant peut-on considérer ce phénomène comme l'un des traits caractéristiques de cette zone de grande banlieue.

Un autre est que, contrairement à ce qui se passe pour les communes des autres banlieues, on ne saurait raisonnablement escompter qu'une partie du territoire de celles constituant la grande banlieue, puisse être dans un avenir, même tardif, en lobé dans le corps urbain.

En effet, le jour où cette éventualité pourrait être envisagée sérieusement pour une échéance, même reculée, elles passeraient alors, par définition, de la grande banlieue dans la banlieue rurale.

Ainsi donc en résumé l'organisme vivant qu'est une agglomération urbaine se trouve essentiellement constitué par :

1° Une unité urbanistique principale formant son noyau générateur et *son foyer animateur*

2° Des unités urbanistiques secondaires composent son *corps urbain*.

3° Un *champ d'attraction urbanistique*, de plus en plus atténuée, à mesure qu'on s'avance vers la périphérie : les *diverses banlieues*, dont les plus voisines du centre constituent la *réserve plasmique* nécessaire à la croissance actuelle et future de cet organisme vivant.

Relations entre le site naturel de l'agglomération lilloise et le développement de celle-ci

CHAPITRE PREMIER

LE SITE GÉOGRAPHIQUE LOCAL

§ 1. — Particularités auxquelles l'agglomération lilloise doit son éclosion.

Il y a longtemps que des êtres humains ont fixé leurs demeures sur le site géographique, le **lieu**, qui constitue le territoire de notre cité ; les ustensiles et armes de l'âge de pierre qui ont été recueillis à différents endroits de celui-ci, à Esquermes et à Wazemmes, notamment aux environs du lit primitif de la Deûle, ne laissent aucun doute à ce sujet.

La présence de l'eau, en effet, telle est la première condition pour qu'un site quelconque soit habitable pour l'homme. Mais si l'existence de la Deûle explique la possibilité d'un groupement humain, elle ne suffit pas à faire comprendre pourquoi ce groupement s'est développé au delà des dimensions d'un hameau ou d'un simple village. La cause en est que ce point du cours de la Deûle présentait un certain nombre de particularités assez remarquables.

« Entre Courrières et Lille, dit M. Gosselet, la vallée de la Deûle présente un caractère tout spécial : elle est creusée pour atteindre le niveau de l'importante nappe aquifère qui est contenue dans la craie. Il en résulte que tout le long de la vallée il y a une série de sources dont les eaux ont jadis entretenu de nombreuses tourbières. Les petits ravins qui aboutissent dans la vallée de la Deûle, tels que ceux de La Bassée, d'Houplin, d'Emmerin ont aussi leurs sources et leurs marais tourbeux... »

« Dans l'intérieur de Lille, on a tiré de la tourbe sur l'emplacement de l'ancienne filature Cox et Lahousse ; il y a bien d'autres endroits tourbeux indiqués par les noms de : rue Basse, rue Marais, rue des Molfonds. On peut dire qu'une partie de l'ancienne ville est construite sur de la tourbe ou au moins sur des dépôts d'alluvion » ...

« La sortie de Lille du canal de la Basse-Deûle ne correspond pas exactement au cours de l'ancienne rivière. Un affleurement du terrain tertiaire, visible dans les fondations de la machine élévatoire des eaux du canal de Roubaix, rejetait à 100 mètres au nord le cours primitif ».

« A partir de ce point, la Deûle sort de la craie, les sources, les marais et les tourbières cessent, la vallée est étroite, bordée par deux légers escarpements de limon ».

Ainsi donc, le berceau de notre cité se trouvait à l'extrémité septentrionale de ce vaste réseau de marécages et de tourbières, admirable lieu de refuge et de pêche pour nos ancêtres les Ménapiens, qui, au témoignage de César et de Strabon, habitaient principalement des marais.

Du reste, lors des travaux faits dans le marais d'Houplin pour la captation des eaux d'Emmerin, *on a trouvé des palafittes ou habitations sur pilotis dont certaines* remontaient aux époques préhistoriques, dans la partie inférieure de la tourbe, et *dont les dernières* appartenaient à l'époque gauloise.

Or, c'est une loi de géographie sociale, que les agglomérations humaines commerciales, les marchés, s'établissent presque toujours aux confins de deux ou plusieurs régions naturelles. C'est bien ainsi que, pour notre vieille cité, les choses se sont passées.

Si la région marécageuse constituée par la vallée de la Deûle s'y terminait, c'est que cette rivière venait s'y heurter de façon définitive à des terrains d'une autre formation géologique.

Le plateau de craie qui, depuis Courrières et Pont-à-Vendin, en bordait la rive droite et y constituait les régions naturelles ou « pays » de Mélantois et de Carembaut, deux des quatre quartiers de l'ancienne châtellenie de Lille, s'abaisse à mesure que l'on avance vers le nord-est.

« A la porte de Roubaix, dit M. Gosselet, la craie est recouverte par une petite couche d'argile noire surmontée elle-même de plusieurs mètres de sable vert très fin contenant des bancs cohérents d'un grés sableux calcarifère que nous désignerons sous le nom de tuffeau ... En montant le faubourg de Roubaix, on trouve du sable vert exploité qui est supérieur au tuffeau. Ces trois termes : argile, tuffeau, sable constituent l'*assise du landenien. L'argile, très mince à Lille*, devient plus épaisse vers le nord à La Madeleine, Radinghem, etc...

« Quant aux sables, ils sont exploités partout aux environs de Lille, à Ennetières-en-Weppes, Mons-en-Barœul ..., ils sont connus sous le nom de sable d'Ostricourt ».

La craie, qui était à Lille, quartier de Wazemmes, à 20 mètres au-dessus du niveau de la mer est, à Armentières, à 50 mètres au-dessous de ce niveau. Le landénien qui la recouvre à une épaisseur d'environ 40 mètres...

« Mais à Armentières, le landénien ne constitue pas le sous-sol. Au-dessus du sable, on rencontre 15 mètres de glaise ou argile plastique bleu foncé. C'est le commencement de l'argile des Flandres au sous-sol imperméable, froid et humide, parfaitement approprié à la culture des prairies ».

Au contraire, au sud et à l'est du site géographique de Lille s'étendait, on l'a vu, le Mélantois, plateau crayeux recouvert de limon, particulièrement de limon supérieur, qui donne à ce pays une remarquable fertilité. C'est une région de grande culture où les habitations sont groupées en villages que séparent de larges espaces sans constructions.Comme toutes les région snaturelles de constitution géologique analogue, c'est une excellente terre à céréales.

Ainsi donc, le rempart de couches *géologiques landeniennes qui* enserre le site lillois à l'ouest, au nord et au nord-est, et à travers lequel la Deûle s'est frayée une brèche, *en délimitant trois régions naturelles* à caractères agricoles différents : la première, la vallée de la Deûle, bien appropriée aux cultures maraîchères, la seconde, le plateau crayeux du Mélantois, riche en céréales, la troisième, comprenant les pays en quartiers de la châtellenie de Lille, de Weppes et de Ferrain, naturellement disposés par suite de la présence de prairies naturelles pour l'élevage et l'art pastoral, **avait déterminé nettement cet emplacement comme un lieu naturel d'échange des produits de ces trois genres de régions agricoles.**

De plus, en obligeant la Deûle à resserrer son lit pour franchir l'obstacle qu'il lui opposait, il l'avait forcée, par suite, à creuser davantage celui-ci, et comme d'autre part, immédiatement au delà de ce barrage, cette rivière reçoit, au site de Marquette, son dernier et principal affluent, la Marque, augmentant ainsi d'une façon notable le volume de ses eaux, il est à présumer que le site Lillois se trouvait à l'endroit, ou au très proche voisinage de l'endroit, où la Deûle devenait naturellement navigable pour les petites barques commerciales du temps.

Nouveau et important facteur de prospérité puisqu'il faisait de l'emplacement de notre cité un de ces ports ou lieux d'étape naturels où l'on rompt charge, privilège de fait si précieux autrefois que ce n'est qu'au milieu du XVIIIe siècle et après une résistance acharnée, que les bons négociants lillois durent se résigner à voir creuser, dans l'intérêt général, le canal de communication entre la Basse et la Haute-Deûle permettant de le supprimer.

Par suite de tous les facteurs ci-dessus, le site géographique lillois était un lieu naturel d'entreposage, d'autant plus qu'en ces temps, où les guerres étaient fréquentes, cet entreposage devait se faire dans des endroits non seulement économiquement favorables mais offrant également, par suite de la facilité de les défendre, des avantages au point de vue de la sécurité.

Or, il y a deux sortes de sites naturellement fortifiés : la première sorte comprend les hauteurs à pentes suffisamment escarpées tels que le mont Cassel ou la montagne de Laon, elles ne se rencontrent guère dans nos environs où les ondulations de terrains sont à peine sensibles. La seconde est un tertre ou îlot entouré d'eau sous forme de rivières ou de marécages. Les tertres ou îlots de ce genre abondaient dans la dépression marécageuse de la Deûle et notamment sur l'emplacement de la future cité lilloise. Nouveau motif pour que l'un d'eux devint un jour ou l'autre l'emporium de la région.

Enfin, parmi les facteurs qui ont permis sur le site géographique de Lille une agglomération d'une certaine importance, dès une époque relativement ancienne, il ne faut pas omettre l'existence du petit ruisseau, affluent de la Deûle, le **Becquerel**, encore appelé de nos jours, chaude rivière par suite du rôle d'égout auquel il est réduit et qui lui amène l'eau tiède des filatures de Flers, Hellemmes, Fives et Saint-Maurice. Il prend sa source au pied du fort de Mons-en-Barœul vers Flers, il passe au plasch de la Phalecque, à Fives, et arrive à la Deûle par plusieurs bras dont le plus important paraît avoir été celui qui va aux ponts de Comines. Les sources de la chaude rivière proviennent de la base des terrains tertiaires qui constituent le rempart landénien dont il a été question ci-dessus. C'est au pied de la portion de celui-ci qui, au nord du site lillois, constitue le Barœul que cette rivière coulait, dans une dépression marécageuse analogue à celle où la Deûle serpentait, dans le fossé qu'elle s'était creusé à l'est de la portion occidentale de ce rempart qui constitue le pays de Weppes.

C'est l'existence de la nappe aquifère alimentant le Becquerel qui a permis de doter Lille de sa première canalisation d'eau potable, etc., c'est à elle aussi sans doute que Notre-Dame de Fives doit une partie tout au moins de sa réputation miraculeuse. On buvait en effet à proximité du Prieuré, de ce nom, l'eau du Becquerel qui passait pour éteindre les ardeurs brûlantes de la fièvre

Cette eau de source était, cela se comprend, très supérieure comme qualité potable aux eaux contaminées des puits, des maisons construites sur le lit tourbeux, en communication possible avec les eaux marécageuses environnantes.

Aussi en 1285, l'échevinage acheta au sire de Morbaix la propriété du plasch (vivier) de Fives, des eaux de Phalecque et du moulin de Becquerel pour les amener en ville. Le niveau des sources étant plus élevé que celui des fossés, l'eau était reçue dans une tourelle de grès d'où une conduite de chêne en pente douce se dirigeait le long des remparts vers la porte des Reignaux, c'est cette conduite qui a donné son nom à la place et à la rue des Buisses, par lesquelles elle passait.

La canalisation alimentait en ville les fontaines de l'Abbiette, de la Sotteresque, la fontaine au change, sur la place actuelle du théâtre, celle des poissonniers et la fontaine des morts près du cimetière qui entourait l'ancienne église Saint-Etienne.

On le voit, la question des eaux à Lille ne date pas d'aujourd'hui.

Les particularités du site lillois que nous venons de relater ; rivière probablement navigable, emplacement facilement défendable, eau potable à proximité, situation aux confins de régions naturellement complémentaires, étaient de nature à favoriser l'éclosion d'une agglomération urbaine, et celle-ci dut naître spontanément assez rapidement, mais ce n'est que vers la fin du Xe siècle que nous possédons sur elle des documents d'une authenticité certaine.

Elle fait déjà alors figure de ville puisqu'elle est déjà en possession d'un « marché franc du mercredi » et d'un atelier monétaire, et que bientôt après, au cours du XIe siècle, le comte de Flandre, dit Beaudoin de Lille, à cause de l'intérêt tout particulier qu'il porta à cette ville, y fonda une collégiale, y bâtit un « castrum », lequel n'était peut-être pas le premier château fort établi au voisinage du marché et dota la ville d'une enceinte défensive.

Marchés, forteresse, sanctuaire notable, ce sont là trois sortes de germes de noyaux générateurs d'agglomération, dont un seul, à la rigueur, eût suffi pour assurer le développement urbain de celle établie sur le site lillois ; il n'est donc pas étonnant que leur conjugaison ait eu pour résultat d'assurer à celle-ci un avenir qui, au cours des siècles, ne fit que s'affirmer.

§ II. — Autre caractéristique du site lillois ayant influé, dans le passé, ou susceptible d'influer dans l'avenir, sur la forme et les dispositions du plan de l'agglomération lilloise.

Nous nous sommes attardés dans une première partie à des considérations d'un caractère plutot historique. Car à vrai dire un certain nombre des facteurs dont nous avons signalé l'influence dans le passé pour la formation et le développement de l'agglomération lilloise, n'ont plus dans le présent et n'auront surtout plus dans l'avenir qu'une importance secondaire, étant donné les moyens puissants dont dispose actuellement l'humanité pour transformer assez profondément les conditions de lieu et s'en affranchir dans une mesure assez large.

Il en est toutefois un certain nombre d'autres dont elle doit encore tenir plus ou moins compte, soit qu'ils soient encore insurmontables dans l'état actuel de nos moyens soit qu'il soit sage, ou d'en tirer parti s'ils sont favorables, ou de s'y résigner s'ils sont défavorables et que l'effort à faire pour les vaincre n'est pas dans ce dernier cas en rapport avec le profit qu'aménerait leur suppression.

Parmi les principales conditions de lieu qu'il convient d'examiner, mentionnons :

1° Nature du sol et surtout du sous-sol.

2° Son relief.

3° Les autres particularités géographiques qu'il présente : rivières, lacs, marais, forêts, bois.

4° Nature, fréquence, intensité et direction des principaux phénomènes météorologiques.

L'étude des causes de la formation de l'agglomération lilloise nous a déjà permis de reconnaître la plupart des facteurs naturels relatifs à la nature du sol et du sous-sol susceptibles d'avoir quelque importance. Il suffit maintenant de les examiner d'une façon un peu plus détaillée.

La surface sur laquelle l'agglomération lilloise s'étend déjà ou est appelée à s'étendre peut se décomposer de la manière suivante :

1° **Une partie centrale** à sous-sol marécageux et tourbeux s'étendant depuis La Bassée, Vingles et Pont-à-Vendin jusqu'au canal de la Basse-Deûle à Lille dans une direction générale approximative sud-ouest, nord-est ; de largeur variable, et que traverse la Deûle canalisée.

Elle peut se subdiviser en deux portions, dont la première va de Saint-André à Haubourdin où le plateau crayeux du sud s'avance en un cap qui a fait de cette localité, dès l'époque romaine, le lieu de passage d'une voie se dirigeant vers Tournai.

Le bord oriental de cette partie centrale peut être jalonné de la manière suivante :

La grande route de Lille à Béthune, depuis Haubourdin jusqu'aux portes de Lille, les rues de Loos, d'Esquermes et Gambetta, et, de la place de la République, une ligne qui va rejoindre la Noble Tour, puis l'église de Notre-Dame de Fives pour revenir vers les remparts par les rues des Guinguettes et la porte de Roubaix.

Le bord occidental peut être approximativement tracé comme suit :

Le chemin de Messine, le canon d'Or, l'église de Lambersart, la route de la Carnoye, de l'église à la grande route de Dunkerque, et au delà, la ligne de chemin de fer de Saint-André à Haubourdin jusqu'aux environs de cette dernière localité.

Quant à la seconde portion au delà d'Haubourdin, elle s'épanouit sur une vaste étendue sous les noms de marais de Santes, d'Emmerin et de Wavrin, etc... Il n'est pas utile pour l'instant de s'occuper de ses limites qui dépassent de beaucoup celles qu'atteindra d'ici longtemps l'agglomération lilloise.

2° **Une partie méridionale**, constituée par le plateau crétacé dont il a déjà été plusieurs fois question. En tant qu'il intéresse l'agglomération lilloise, ce plateau se trouve limité par le bord sud oriental de la région précédente depuis Haubourdin jusqu'à l'église de Notre-Dame de Fives, et à partir de ce point jusqu'aux environs du village de Flers par le bord méridional du vallon du Becquerel.

Au delà, ce plateau se trouve entouré, de Flers au nord jusqu'à Ennevelin, par la vallée marécageuse de la Marque qui reproduit, à l'est, les caractères principaux de celle de la Deûle à l'ouest. Cette rivière, en effet, arrivée à Tressin sur le bord des terrains tertiaires, s'y heurte, comme la Deûle, au rempart landénien, et par suite, s'étale en un vaste marais qui s'étend de l'ouest à l'est, de Flers à Baisieux, sur une largeur de 8 kilomètres, et du nord au sud de 5 kilomètres, d'Hem à Tressin.

Au sud de Tressin, au nord de Péronne, la vallée de la Marque se trouve dans un défilé formé par un bombement de la craie marneuse, les sources affluent et la vallée quoique étroite reste marécageuse.

De Péronne à Ennevelin, le plateau crayeux est borné également au sud par la vallée tourbeuse qui forme la Marque au moment où, quittant les formations géologiques landeniennes au delà de la Pevèle, elle vient se heurter et contourner le massif de terrain crétacé.

Fig. 1. — Site Géologique Lillois.

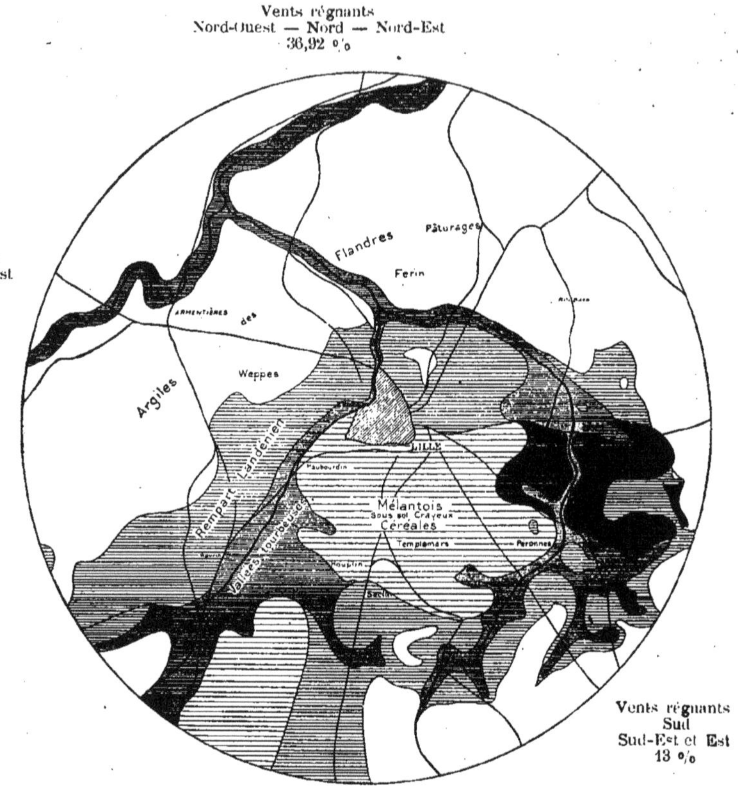

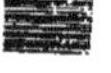 Vallées tourbeuses.

 Sous sol crayeux (craie blanche).

 **Formations landeniennes.**

 **Craie marneuse.**

D'Ennevelin à Seclin, la limite du plateau crayeux correspond sensiblement au fond de la ligne de dépressions qui succèdent à la crête allant de Seclin à Fretin sur laquelle a été établi le fort de Seclin.

Au delà de Seclin, la limite de la région est formée par un golfe de la plaine marécageuse de la Deûle dont le fond est occupé par le canal de Seclin. Après y avoir poussé vers l'ouest aux environs du hameau d'Ancoisne une sorte de cap, le terrain crétacé s'infléchit à nouveau vers l'est pour former la dépression marécageuse d'Emmerin et s'avancer à nouveau vers l'ouest à la hauteur d'Haubourdin

Tout ce plateau présente du sud au nord une inclinaison assez douce. Sa pente méridionale est relativement plus rapide, sa partie culminante s'étend du village de Faches au fort de Sainghin avec maximum à Lesquin, au lieu dit les Moulins.

3° **Une partie occidentale** constituée par la portion du rempart landénien qui borde la rive gauche du thalweg de la Deûle et y forme le petit plateau de Weppes dont la pente, vers la plaine de la Lys, présente un léger escarpement d'une dizaine de mètres tandis que celle qui est dirigée vers la vallée de la Deûle est plus douce et presque insensible. Son altitude varie de 20 à 40 mètres suivant une ligne générale sud-ouest-nord-est, jalonnée par les villages de Fournes, Erquinghem-le-Sec, le fort d'Englos, Lomme et Lampret.

4° **Une partie orientale,** constituée par l'autre portion du rempart landenien s'étendant à l'est de la Deûle et limitée à l'orient et au nord approximativement par la route stratégique allant du Molinel, sur la route de Marcq à Tourcoing aux villages de Wambrechies. Saint-Maurice et Mons-en-Barœul constituent les points culminants de cette région.

5° **Une partie septentrionale.** constituée par la vallée que la Deûle s'est creusée dans le rempart landénien et au delà en aval, comprenant les terrains auxquels la présence de cette artère fluviale navigable donne un caractère économique spécial les différenciant ainsi des régions occidentales et orientales ci-dessus dont autrement ils formeraient partie intégrante.

Ainsi donc on peut décomposer la surface sur laquelle il convient de tracer le plan d'extension de l'agglomération lilloise de la manière suivante :

Une artère centrale, d'Haubourdin à Wambrechies, dirigée du sud, sud-ouest au nord, nord-est, et ayant pour axe le lit de la Deûle, **quartier tout désigné pour les industries ayant besoin de grandes quantités d'eau** ou dont les matières premières ou les produits sont pondereux ou très volumineux et par conséquent ont avantage à utiliser les transports par eau.

Une bande occidentale parallèle à la première convenant surtout **à l'habitation,** et comme nous le verrons plus loin **à l'hospitalisation. A l'orient de l'artère centrale,** un vaste plateau semi-circulaire presqu'entièrement bordé par la Marque et se subdivisant lui-même en deux à la hauteur approximative de la route nationale de Lille à Tournai.

a) La portion méridionale à sous-sol calcaire qui ne pourra être utilisée pour l'habitation et l'industrie qu'au fur et à mesure qu'on y amènera l'eau nécessaire mais qui alors, par son sous-sol et son altitude constituera la portion de l'agglomération lilloise offrant au point de vue de l'habitation les conditions hygiéniques les plus favorables.

b) La portion orientale **favorable à l'habitation** dans sa partie centrale, d'altitude relativement élevée (Saint-Maurice Fives), et **à** l'industrie, dans sa partie septentrionale le long de la Marque canalisée.

Passons maintenant aux conditions météorologiques dont la connaissance pourrait être de quelque utilité. Au point de vue général, ici envisagé, il n'y a guère à s'inquiéter que de la direction des vents régnants. Les autres accidents météorologiques tels que la quantité de pluie précipitée, la fréquence des orages, etc., ayant surtout de l'importance au point de vue des questions de détails tels que les dimensions à donner aux rues, à leurs égouts, la manière de les construire pour obtenir le maximum de viabilité et le minimum de frais d'entretien.

Il n'en va pas de même de la direction des vents régnants dont la connaissance est indispensable pour pouvoir **cantonner les industries désagréables** par leurs odeurs et leurs fumées dans la portion de l'agglomération où elles seront le moins gênantes pour le surplus de celles-ci.

Voici, d'après l'ouvrage de M. Schmeltz, publié en 1891, sur les observations météorologiques faites à Lille de 1757 à 1888, la proportion des différentes directions de vents dominants pendant une période de 80 ans, de 1808 à 1888.

Sur les 1.922 notations faites pendant le cours de celles-ci :

603	enregistrent un vent du	S.-O., soit. . .	31.37 %	50.06 %
359	» » »	O., soit. . .	18.69 %	
255	» » »	N.-O., soit. . .	13.26 %	36.92 %
324	» » »	N.-E., soit. . .	16.85 %	
131	» » »	N., soit. . .	6.81 %	
158	» » »	S., soit. . .	8.22 %	13 %
60	» » »	S.-E., soit. . .	3.12 %	
32	» » »	E., soit. . .	1.66 %	

De l'examen de ce tableau, il ressort très nettement que c'est seulement **à l'est, sud-est** (13 %) de l'agglomération lilloise, c'est-à-dire dans la direction du chemin de fer de Lille à Valenciennes ou de la route de Sainghin-en-Mélantois que **devraient être tolérées les industries désagréables par leurs odeurs ou leurs fumées ou les gaz délétères** qu'elles dégagent et qu'elles devraient être rigoureusement proscrites dans les directions S.-O. et O., (50.06 %), et même au N.-O., N., N.-E. de celle-ci (36.92 %).

C'est précisément l'inverse de ce qui existe. Parmi les industries faisant le plus de fumée ou ayant les odeurs les plus désagréables ou les plus délétères, on peut citer les industries chimiques et les centrales électriques. Or, elles sont localisées à Loos et au marais de Lomme, direction S.-O. de l'agglomération, à Saint-André, Marquette (N.-O.) à Croix-Wasquehal (N.-E.), s'il est difficile de supprimer les installations déjà existantes, **il faudrait du moins empêcher le mal de s'aggraver,** cantonner dans l'avenir les nouvelles usines qui se créeraient et désagréables à leur voisinage par l'odeur, la fumée ou les gaz délétères qu'elles dégagent, dans la partie sud-est de l'agglomération, c'est-à-dire vers Ascq et Sainghin, dans le secteur compris entre la voie ferrée de Tournai et celle de Valenciennes.

Comme autre particularité météorologique, il n'y a qu'à signaler la fréquence des pluies. C'est un fait trop connu pour que nous y insistions longtemps.

La principale conséquence urbanistique qu'entraînera cette circonstance, c'est qu'il sera intéressant de prévoir dans certains quartiers, comme le quartier métropolitain par exemple, **de vastes espaces et passages couverts** où puissent se concentrer en cas de mauvais temps les foules en quête de distraction ou vaquant à leurs affaires.

Fig. 2. — Les grands facteurs de l'Urbanisation lilloise.

— — — — Axe principal d'urbanisation, formé par le cours de la Deûle.

Grandes Voies de communication le long de laquelle s'étire l'agglomération bâtie.

Périmètre de l'aire contenant l'agglomération lilloise actuelle.

§ III. — Conséquences résultant des caractéristiques du site local sur la forme actuelle et future de l'agglomération lilloise.

De toutes les caractéristiques du site local que nous avons analysées ci-dessus, il résulte que, malgré son insignifiance comme artère fluviale, **c'est la Deûle et sa vallée qui sont l'origine de l'agglomération lilloise et qui continuent à en déterminer la forme.**

Par agglomération lilloise, comme nous le verrons bientôt en déterminant l'étendue de celle-ci, il ne faut pas entendre seulement le **territoire de la seule commune de Lille,** mais bien celui aussi de toutes celles qui lui sont limitrophes et dont les surfaces bâties n'offrent, avec celles du territoire communal lillois, **aucune solution de continuité.**

A) *Forme de l'aire urbanisable ou en voie d'urbanisation.*

Si l'on veut bien, par la pensée, faire abstraction de ces limites communales, comme aussi de la solution de continuité artificielle qu'a créée jusqu'à ce jour l'existence des fortifications et des zones de servitudes militaires qui en sont la conséquence, on s'apercevra que l'agglomération bâtie, réelle, s'étend sur les deux rives de la Deûle, d'**Hauboürdin au sud, à Marquette et Marcq au nord,** envoyant le long des grandes voies de communication, routes nationales ou départementales qui l'unissent aux autres centres urbains un peu distants, des tentacules plus ou moins longs de surfaces construites.

Les deux plus longs sont ceux qui suivent les routes sensiblement parallèles au cours de la Deûle canalisée ; la route nationale de Lille à Béthune, vers le sud, et celle de Lille à Menin vers le nord. D'Haubourdin au pont de Marcq, il n'y a de solution de continuité dans les surfaces bâties que celles imposées par les servitudes militaires, ce qui prouve bien que le **cours de la Deûle est la base** sur laquelle s'est toujours appuyée l'agglomération lilloise tant pour naître que pour se développer.

En effet, la canalisation de cette rivière et son rattachement à l'ensemble de voies fluviales françaises et d'un nombre important de voies fluviales étrangères et internationales en ont fait une voie commerciale de toute premièree importance qui n'a pas peu contribué dans le passé à l'essor économique de notre ville.

Aujourd'hui, où, par suite de l'existence du réseau ferré, son rôle est peut-être moins prépondérant à ce point de vue, il reste néanmoins très important encore, car, dans bien des cas, et surtout pour les matières très pondéreuses et de peu de valeur, ce moyen de transport reste le meilleur. D'autre part, l'eau qui coule entre ses bords est nécessaire ou utile pour une foule d'opérations industrielles et c'est pourquoi de nombreuses usines ou chantiers ont tendance à venir occuper ceux-ci ou leur proche voisinage. Prenant donc la direction générale suivie par cette rivière canalisée d'Haubourdin à Marq-en-Barœul **comme base** des figures géométriques dans lesquelles on pourrait tenter de circonscrire plus ou moins exactement les aires, tant déjà bâties que dores et déjà en voie d'urbanisation, de l'agglomération lilloise définie comme il a été dit ci-dessus, on s'aperçoit qu'elles forment :

1° Au sud-est de cette base un **triangle ou plus exactement un trapèze** dont la pointe ou plutôt le petit côté serait situé entre Ronchin et Lezennes.

2° Au nord-ouest de celle-ci **un triangle dont** le sommet serait dans les environs du calvaire de Lomme.

B) *Zone de prochaine extension.*

L'aire ainsi délimitée se trouve donc presque totalement comprise dans la **cuvette** que forment autour d'elles les ondulations de terrain qui séparent la vallée de la Deûle :

A l'ouest de la vallée de la Lys, c'est-à-dire le plateau de Weppes, au nord-est de la vallée de la Marque, c'est-à-dire le plateau de Barœul, à l'est-sud-est et sud de la même vallée, c'est-à-dire le plateau de Mélantois dont le point culminant est aux environs du lieu dit : le moulin de Lesquin.

Au nord, cette cuvette est limitée par les premières hauteurs du Ferrain où est situé le fort de Bondues. Il est à remarquer du reste que, précisément, la ceinture d'ouvrages militaires qui constituaient le camp retranché de Lille jalonnaient généralement le bord supérieur de cette cuvette.

C'est à l'intérieur de cette dernière qu'il convient de prévoir l'extension progressive de l'agglomération prise dans son ensemble.

C) *Emplacement du quartier métropolitain de l'agglomération.*

Nous venons de déterminer la forme du contour extérieur de l'air urbanisée ou en voie d'urbanisation de l'agglomération lilloise, ce qui constitue en réalité le **corps**, urbain de celle-ci. Reste à déterminer maintenant l'emplacement de **son cœur** autrement dit de son quartier métropolitain.

1° Le **Marché.** — Les deux foyers autour desquels celui-ci se constitue généralement dans une cité moderne du type de l'agglomération lilloise sont, on l'a vu, le **« marché »** et la **place de la gare « centrale »**.

A Lille le premier de ces foyers est resté, jusqu'à ce jour, là où il fut, dès l'origine semble-t-il, c'est-à-dire sur cette vaste place qui se trouvait près de l'ancienne église de Saint-Etienne la plus antique des paroisses de Lille. Elle comprenait primitivement non seulement la grand'place actuelle, mais aussi la place du Théâtre, ainsi que l'espace compris entre les deux, aujourd'hui couvert de constructions publiques et privées. Ce n'est, en effet, qu'en 1652, que le magistrat de Lille, **cédant à cette phobie des espaces libres et à cette âpreté trop grande à tirer la quintessence du domaine municipal** auxquelles ont cédé avant et après lui tant d'administrations édilitaires de cette ville, aliéna cet espace intermédiaire pour y édifier la Bourse.

Cette aliénation avait néanmoins encore un prétexte plausible puisqu'il s'agissait d'un monument en partie public ayant une destination en relation avec celle de la place du « marché ». Ce qui fut sans excuse, ce fut d'aliéner également le surplus de cet espace à des spéculateurs, consommant ainsi la séparation aujourd'hui si gênante, de ce superbe centre d'activité urbaine, en deux tronçons.

Quoi qu'il en soit, leur ensemble est encore et restera sans doute le centre des affaires et aussi des plaisirs de l'agglomération lilloise.

En effet, l'érection des deux bourses et du théâtre sur son emplacement ou dans son voisinage immédiat, lui confère à cet égard pour longtemps encore un précieux monopole de fait, d'autant que les grandes banques et le haut commerce ont naturellement acquis, dans les environs, des immeubles qui les fixeront aussi fort ongtemps dans ce quartier.

Théoriquement on l'a vu, historiquement le plus souvent et pratiquement aussi lorsqu'il s'agit de petites agglomérations humaines, de villages par exemple, le centre d'activité et de vie sociale de cette agglomération peut être un lieu unique autour duquel se groupent tous les édifices renfermant les organes de la vie *commerciale et industrielle, intellectuelle, morale administrative et politique*, mondaine même, de la localité, telle est la « place » des villages flamands par exemple.

Telle était notre « Grand'place » jusqu'au commencement du XVIIe siècle. Autour d'elle s'élevaient la première église paroissiale de Lille, Saint-Etienne, la Halle échevinale et la fontaine au change, lieu de rendez-vous des marchands, plus tard remplacé par la Bourse. C'était aussi le centre de distraction et lorsqu'il y eut une salle de spectacle, spéciale à cet usage, elle fut d'abord très à proximité, au coin de la place Rihour et de la rue de la Vieille-Comédie, puis sur la place même, dans la partie qui, depuis l'érection de la Bourse et du Beau-Regard, formaient la Petite Place.

Mais lorsque l'agglomération grandit, cette concentration de tous les organes vitaux sur un même point de la cité **devient une impossibilité matérielle,** car les édifices contenant les divers services qui les incarnent se développant avec l'importance de la cité, finissent par être trop petits. Certains tout au moins d'entre eux, doivent émigrer, aussi à proximité que possible, ce qui facilite à la fois leur développement propre et par contrecoup celui aussi des services dont les édifices subsistent au centre primitif. A Lille, dès 1664, ce phénomène se produisit et l'Hôtel échevinal émigra dans le palais Rihour, ancienne résidence particulière des souverains des Pays-Bas à Lille

Au XIXe siècle, la voie ferrée **vint poser un nouveau problème.** Avant l'invention de cette dernière, le centre de la circulation de l'agglomération urbaine était *forcément* **sur le passage des voies routières de grande communication** et de commerce plus ou moins importantes qui la reliaient aux localités voisines ; souvent même **au carrefour** d'une ou de plusieurs d'entre elles. L'invention du rail vient créer dans le système circulatoire et commercial de l'ensemble du pays en général et de chaque localité où il s'introduit en particulier, **un dédoublement** du réseau des voies constituant le dit système. Désormais, il y eut un réseau routier et un réseau ferré dont les centres et les mailles tout en se correspondant dans les grandes lignes, **sont forcément distinctes.** Par suite, leurs points de croisement ne sauraient le plus souvent **coïncider.** Au lieu d'un centre de circulation et d'activité commerciale, il s'en est créé **deux,** un ancien au croisement des chaussées, un nouveau aux abords des gares des voies ferrées.

2° La gare centrale. — Ainsi se trouva constitué le second foyer d'activité du quartier métropolitain d'une agglomération urbaine qu'est, on l'a vu, la **place de la gare centrale,** ou tout au moins principale.

A Lille, ces deux foyers se trouvent fort proches l'un de l'autre ; ce que nombre de lillois considèrent comme une particularité locale très avantageuse.

En réalité, **il est loin d'en être ainsi** au point de vue urbanistique. En effet la distance *optima entre* ces deux foyers est **celle qui permet à chacun d'eux d'exercer sur des portions distinctes de l'agglomération la plénitude de leur action attractive,** mais qui soit telle que les deux zones d'influence propre ainsi créées **soient contiguës l'une à l'autre.** Or, à Lille, dans la situation actuelle, ces deux zones **se compénètrent** mutuellement.

En effet, l'observation nous permet de remarquer que la zone d'influence directe développée par le foyer du quartier métropolitain qu'est le « marché » de l'agglomération lilloise a **un rayon d'environ 600 mètres.**

Planche III. — Dimensions actuelles du quartier métropolitain.

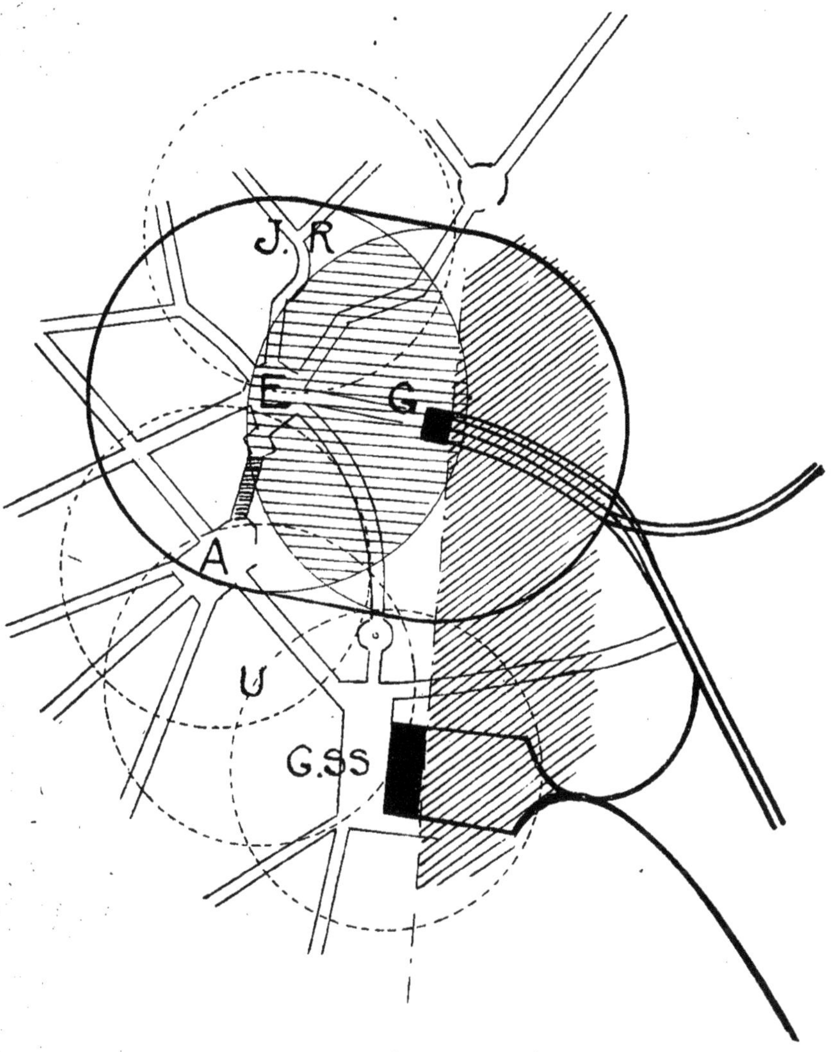

LÉGENDE

Quartier Métropolitain et Centres Organiques de l'Agglomération dans l'état actuel.

E.	Centre Économique (Bourses).
G.	Gare.
A.	Centre administratif de la Place de la République. — Préfecture.
U.	Centre Universitaire.
G.S.S.	Gare St-Sauveur.
J.R.	Centre Judiciaire et Religieux (Place St-Martin)
⊕	Périphérie du Quartier métropolitain déterminée par les centres **E.** et **G.**

Cercle d'attraction déterminé par chacun des cercles **E.** et **G.**

Cercles d'attraction déterminés par les différents autres centres organiques de l'agglomération.

Artères projetées.

Zone urbaine située à la fois dans le cercle d'attraction des centres **E.** et **G.** Comme on le voit, ceux-ci ne peuvent ainsi produire qu'une partie de leur effet utile sur le territoire de l'Agglomération.

Zone urbaine sacrifiée en arrière des façades des gares actuelles de voyageurs et marchandises, et où la circulation générale est gênée par les éperons de voies ferrées actuellement existants.

Si, de la colonne commémorative du siège de Lille comme centre, on décrit un cercle ayant ce rayon, on comprend dans l'intérieur de ce cercle l'aire dans laquelle sont situés la presque totalité des grands magasins de détails, des grands établissements bancaires et des grosses maisons de négoce.

Le cercle ainsi décrit coupe en effet la place de la République, est tangent à la portion de la rue Jacquemars-Giélée allant de la place de la République à la place ronde, passe au voisinage de cette place et est également tangent à la rue de l'Orphéon, englobant ainsi la portion du boulevard de la Liberté comprise entre cette rue et la place de la République qui **est la seule de cette artère où l'on rencontre des magasins de détail importants.**

De là, ce cercle passe par l'extrémité du port du Wault, coupe la rue de la Barre près du carrefour de la rue de la Halloterie, la rue Royale après celui de cette rue avec les rues Léonard-Danel et d'Angleterre, comprenant encore dans son étendue l'emplacement de la Banque Générale du Nord.

Il coupe ensuite la place du Concert (banque Scalbert), englobe l'emplacement du Palais de Justice et la place Saint-Martin pour traverser la rue de Gand à la hauteur de la rue des Célestines ; il coupe ensuite la place aux Bleuets et rejoint le rempart vers l'Hôtel des Canonniers. De là, jusques et y compris la place des Buisses, il suit ce dernier. Il englobe ensuite la place de la Gare et la presque totalité du hall des voies de celle-ci, coupe la rue de Tournai à la hauteur de la rue du Bourdeau, passe au carrefour des rues des Augustins, de Fives, de Saint-Sauveur et du Ban-de-Wedde, traverse la rue de Paris à la hauteur de la rue de la Vignette et est à peu près tangent à cette dernière rue, à la place Jacquart et à la rue Jeanne-Maillotte.

Quant au cercle décrit du deuxième foyer du quartier métropolitain ; c'est-à-dire du centre de la place de la Gare actuelle, il passe aux environs du fort Saint-Agnès, du terrain de manœuvres, de la porte de Roubaix, est tangent à la rue Maugré, à la place Saint-Martin, à la basilique de la Treille, coupe la rue Esquermoise à la hauteur de la rue des Poissonceaux, la rue Nationale à la hauteur de celle des Deux-Epées, est tangent à la rue de l'Hôpital-Militaire et à la place de Béthune, du carrefour de la rue du Palais-Rihour à la dite place de Béthune, est également tangent à la rue du Barbier Maes, à la place Jacquart, aux rues Malpart et des Etaques, à l'église Saint-Sauveur et coupe la route de Tournai aux environs de la passerelle Saint-Agnès.

Actuellement, **c'est l'ensemble de ces deux cercles qui constitue le quartier métropolitain;** comme on le voit, ils se superposent l'un à l'autre pour la plus grande partie de leur étendue, on pourrait presque dire pour la totalité, puisque la moitié au moins de la zone d'influence de la gare qui n'est pas également dans la zone d'influence de la Grand'Place, c'est-à-dire celle qui s'étend de l'église Saint-Sauveur d'une part, à l'entrée en ville du boulevard départemental N° 27 de Lille-Roubaix-Tourcoing d'autre part, a été jusqu'à ce jour constituée par les terrains couverts de fortifications ou grevés de servitude militaire.

Comme nous l'avons dit, c'est là à notre avis une disposition vicieuse, car elle réduit **artificiellement** l'aire totale possible du quartier métropolitain, il en résulte que **le cœur de l'organisme urbain est trop étriqué,** disposition congénitale, *défectueuse, qu'il faut bien subir lorsqu'il n'y a pas moyen de faire autrement,* mais à laquelle il importe de remédier si l'occasion se présente.

Aussi, ne pouvons-nous qu'applaudir à la décision prise par l'Administration municipale de reporter aux environs du fort de Sainte-Agnès l'emplacement de la future

Planche IV. — DIMENSION DU QUARTIER MÉTROPOLITAIN APRÈS TRANSFERT DE LA GARE.

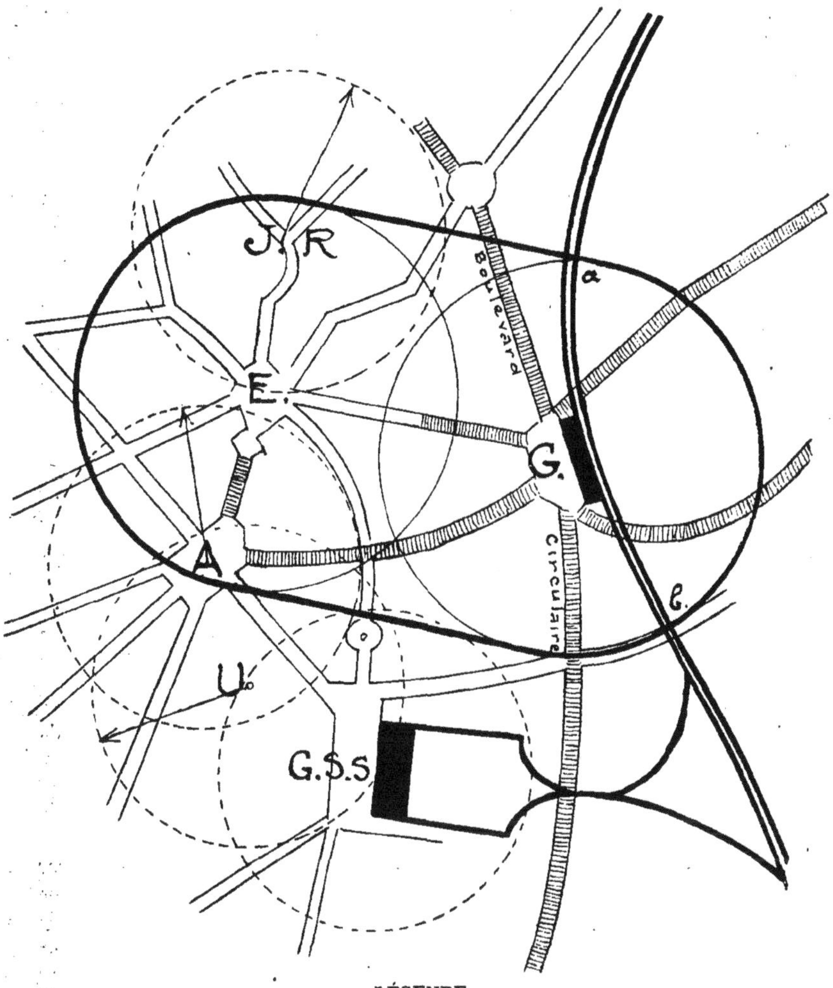

LÉGENDE

Quartier métropolitain après le déplacement de la Gare.

J R.	Centre Judiciaire et Religieux (Place St-Martin).	(E)(G)	Périphérie du Quartier métropolitain déterminée par les centres **E.** et **G.**
E.	Centre Économique.	○	Cercle d'Attraction déterminé par chacun des cercles **E.** et **G.**
G	Gare Nouvelle.	◌	*Cercles d'Attraction déterminés par les* différents autres centres organiques de l'Agglomération.
A	Centre Administratif de la Place de la République. — **Préfecture.**		
U	Centre Universitaire.		
G.S.S	Gare St-Sauveur.		Artères projetées.

Comme on le voit les champs d'influence urbanistique déterminés par les foyers **E.** et **G.** *étant presque entièrement distincts peuvent développer leur quasi maximum d'effet utile.* Le quartier métropolitain atteint donc ainsi *sa dimension normale.*

Grâce au boulevard circulaire établi sur les anciennes fortifications et passant devant la nouvelle gare, tous les quartiers périphériques constituant les faubourgs actuels peuvent être reliés à celle-ci par une ligne circulaire de tramways à vitesse accélérée ce qui rapproche considérablement tous ceux-ci du carrefour ferroviaire de la nouvelle gare centrale. Tout l'ensemble des terrains du démantèlement acquiert donc ainsi son maximum de valeur, même le segment ***a b.*** du quartier métropolitain à l'E. de ce carrefour n'est pas sacrifié comme dans l'état de choses actuel, car par suite de la nouvelle disposition de la gare, des portes d'accès peuvent être également établies de ce côté.

gare de Lille. Lorsque cette modification sera réalisée, les deux foyers du quartier métropolitain se trouveront situés, l'un par rapport à l'autre dans **les conditions que nous avons reconnues comme les meilleures au point de vue urbanistique,** et le futur quartier métropolitain de l'agglomération lilloise atteindra alors à peu près ses dimensions **normales.**

On nous objectera peut-être que l'aire du quartier métropolitain telle que nous l'avons déterminée ne comprend pas la portion de la rue de Paris, voisine de la porte du même nom. Mais à notre avis ce qui a amené dans ce quartier de la porte de Paris l'établissement d'un certain nombre de maisons de grand négoce est moins le voisinage relatif de la Grand'Place ou de la Gare que celui beaucoup plus immédiat de la **gare de petite vitesse de Saint-Sauveur.**

D) *Détermination des unités urbanistiques ou quartiers constituant le corps urbain de l'agglomération lilloise.*

Après avoir déterminé l'emplacement et l'étendue du quartier métropolitain, il y aurait, en bonne logique, lieu de déterminer quelles sont les autres unités urbanistiques dont l'ensemble constitue le corps urbain. Malheureusement, comme nous l'avons dit, par suite de divisions administratives surannées, celles-ci sont réparties entre un assez grand nombre de communes. Avant donc de nous livrer à cette étude, il nous faut définir l'étendue exacte, de la *zone d'influence urbanistique* de l'agglomération lilloise, ce qui fera l'objet d'un chapitre ultérieur. Avant toutefois d'aborder ce problème, il nous faut, pour compléter l'étudede la physionomie individuelle de l'être urbain qu'est l'agglomération lilloise, déterminer l'action sur cet organisme de la « région anthropogéographique » à laquelle il appartient, et sa réaction sur celle-ci, *c'est-à-dire en un mot* **le rôle régional**, national, voir mondial, que peut posséder éventuellement cet organisme et les « fonctions » urbanistiques nouvelles dont ce rôle peut susciter l'éclosion.

CHAPITRE II

LE SITE GÉOGRAPHIQUE RÉGIONAL

Depuis quelques années, une formule assez ambitieuse est couramment employée à Lille et y a fait fortune. C'est *celle de « Lille-Capitale ». Faut-il n'y voir qu'un* vain mot né de l'orgueil des lillois ou au contraire l'expression d'une réalité.

Nous sommes heureux de pouvoir dire que c'est cette deuxième réponse qu'il convient de donner à cette question. Nous allons l'établir ci-après.

C'est un fait que Lille est une métropole régionale.

Il y a *en effet longtemps que l'évidence de ce fait a conduit* à faire de cette ville le siège d'un certain nombre d'organismes régionaux dont les circonscriptions, dépassant les limites d'un cadre départemental trop restreint, englobent un nombre plus ou moins grand de départements.

Cette ville est le chef-lieu : d'un corps d'armée qui comprend le Nord et le Pas-de-Calais,

d'une Académie qui comprend le Nord, le Pas-de-Calais, les Ardennes, l'Aisne et la Somme,

d'une circonscription de région économique, organisme administratif qui vient de naître et qui n'est probablement qu'un premier pas vers une refonte rationnelle du cadre des circonscriptions administratives. Si, ce qu'il faut espérer, cette refonte finit par se réaliser, nul doute n'existe que Lille ne soit le chef-lieu tout indiqué d'une des régions administratives qui seront alors établies.

§ I. — Particularités auxquelles le site lillois doit d'être devenu le siége d'une métropole régionale

Quoiqu'il en soit, cette réforme dût-elle être encore lointaine ou ne jamais aboutir, la ville ne fût-elle même pas déjà le *siège d'organisations administratives régionales*, cette dernière serait néanmoins, en fait, la capitale et la tête d'une de ces sociétés naturelles qu'on appelle des **régions sociales.**

Comment et pourquoi il en est ainsi et quelles en sont les conséquences urbanistiques, c'est ce qu'il nous faut examiner.

L'examen des particularités du site lillois a *montré pourquoi* une agglomération urbaine d'une certaine importance a pu s'y fonder, mais ce que nous en avons dit n'explique pas entièrement pourquoi celle-ci a dépassé l'importance d'un simple marché pour s'élever au rang de métropole commerciale et sociale et devenir une des plus importantes villes de France.

Pour s'en rendre compte, il faut observer que la différence de possibilités culturales et industrielles qui s'observent entre les différents terroirs formant les quartiers de la Châtellenie de Lille, Weppes et Ferrain à l'ouest et au nord, favorables au pâturage, Mélantois, au sud, favorables à la production des céréales, se retrouve entre les grandes régions naturelles aux confins desquelles est placé le site lillois : région flamande au nord, région picarde au sud. La première possède un sous-sol composé en grande partie de cette argile des Flandres, ou d'autres terrains, favorables à la formation de pâturages ; la seconde un sous-sol crayeux recouvert de limon favorable à la production des céréales.

Aussi, à la frontière commune de ces deux régions qui, par la nature de productions de leur sol et de leur sous-sol étaient complémentaires, **toute une série de lieux d'échange** s'est elle formée, généralement sur les bords d'une de ces rivières de plus ou moins grande importance qui, nées sur le plateau crayeux, se précipitent dans la plaine flamande pour *y trouver un débouché direct ou indirect* vers la mer, et, dont le cours supérieur tout au moins, est orienté dans une direction générale nord.

C'est Saint-Omer, sur l'Aa, Aire-sur-la-Lys, Lillers et Béthune sur des affluents de celle-ci, La Bassée sur le bord méridional de la dépression marécageuse dont Lille occupe le bord *septentrional, où la Deûle et les riviérettes qui lui servent d'affluents* se sont frayé leur passage, Douai, sur la Scarpe, Valenciennes, sur l'Escaut, Lille enfin, située à la pointe septentrionale **du cap** que projette vers le nord le sous-sol crétacé. De sorte que tous les autres lieux d'échange entre les deux régions que nous venons d'énumérer dessinent **un arc de cercle autour de ce dernier.** C'est sans *doute à cette double particularité* : position plus avancée dans la mer solidifiée d'argile composant le sous-sol de la région flamande avantage offert par cette situation sur la corde de l'arc de cercle que forment les autres lieux d'échange, permettant avec chacun d'eux des relations directes, qu'il faut, selon nous, attribuer **la primauté** prise assez rapidement, semble-t-il, par le « marché lillois » sur ceux voisins qui eussent pu prétendre la lui disputer, non parfois sans quelques chances de succès, pour certains d'entre eux tout au moins.

En effet, si les vallées supérieures des rivières sur lesquelles sont situées la plupart de celles-ci pénètrent trop peu profondément dans le plateau picard pour drainer une partie importante de son trafic il en est deux tout au moins qui offraient sous ce rapport des avantages au moins égaux à ceux de la vallée de la Deûle : c'était les vallées de la Scarpe et de l'Escaut.

Cette dernière surtout, qui établissait, assez en arrière des fleuves côtiers coulant d'est en ouest dans le plateau crayeux et barrant, par suite, les voies de pénétration vers le sud que l'Aa, la Lys, les affluents de celle-ci, la Scarpe eussent été éventuellement susceptibles d'ouvrir, la plus commode des communications avec le grand bassin fluvial séquanien. De ce fait, Valenciennes était semble-t-il dans une situation naturelle encore plus favorable que Lille pour devenir un grand Emporium régional.

S'il en fut autrement, peut-être faut-il en faire remonter le mérite au sens commercial avisé des lillois du moyen âge et à leur esprit d'initiative qui, de bonne heure, leur fit entreprendre des travaux d'aménagement régionaux, très importants pour l'époque à laquelle ils furent exécutés.

Avant l'apparition de la voie ferrée, la voie navigable était pour les transports commerciaux et même pour celui des personnes de beaucoup préférable à la voie terrestre. A cela rien d'étonnant, puisqu'à l'heure actuelle, elle arrive encore dans certains cas et pour certains transports à balancer les avantages offerts par la voie ferrée. Mais sa prépondérance était autrefois d'autant plus grande que l'absence de centralisation rendait très défectueux l'entretien d'un réseau routier terrestre, régional, national ou international.

Il en était particulièrement ainsi dans les régions flamandes et picardes, où la nature du sol, alternativement sablonneux, argileux ou tourbeux, est toujours détestable pour l'établissement des routes et nécessite le pavement ou un sérieux empierrement de celles-ci pour qu'elles deviennent réellement carrossables.

La nécessité, dans la région flamande, tout au moins, d'assécher le pays fit que très tôt, on s'avisa de creuser des canaux, ayant le double avantage de drainer l'excédent d'humidité nuisible à la culture du pays et de constituer « ces chemins qui marchent » que sont les voies navigables, favorables à l'échange des produits.

Dès 1053, le comte de Flandre, Baudain V, réunissait l'Aa à la Lys par le canal de Neuf-Fossé. Dès 1166, l'Yperlée était canalisé pour faciliter les transports d'Ypres, alors métropole commerciale importante, avec Dixmude qui lui servait de port maritime. En 1187, une branche supplémentaire mettait Poperinghe en relation avec le canal précédent, et en 1251, Nieuport (le nouveau port) ayant été créé pour remplacer Dixmude (dont le golfe avait disparu par suite du dessèchement de la plaine maritime flamande) on canalisait l'Yser pour relier ce port à Dixmude et lui permettre d'être le débouché maritime d'Ypres.

Vers la même époque, en 1236, la comtesse Jeanne de Flandre faisait établir deux écluses sur la Lys, afin d'en améliorer la navigation. Les échevins de Lille résolurent de faire un semblable travail sur la Basse-Deûle, et en 1242, la comtesse leur concéda le droit d'établir trois écluses entre Lille et Deulémont : à Marquette, Wambrechies et Quesnoy-sur-Deûle.

Ainsi Lille se trouva en relations faciles avec les grands marchés mondiaux qu'étaient alors Gand et Bruges. Il semble bien que c'est seulement depuis cette époque que date réellement son importance commerciale. En effet, elle se trouvait ainsi très avantagée sur Ypres qui, isolée dans le bassin du petit fleuve côtier de l'Yser par une ceinture de collines, ne pouvait communiquer avec ces grands centres que par voie de terre et qui était coupée de la région picarde par la vallée marécageuse de la Lys.

Or, précisément, les lillois surent également s'assurer avec cette dernière région des relations commodes en creusant, en 1272, le canal de la Haute Deûle jusqu'à

Berclau (aujourd'hui le pont de Bauvin), tandis que Jean III, châtelain de Lille, améliorait le fossé des Crêtes-le-Comte fait en 1054, par ordre du comte Baudoin, de Berclau à La Bassée.

De cette manière, on put amener à Lille par navires « bledz, avoines, weddes, laignes et généralement toutes marchandises du pays d'Artois et d'autres lieux, jusques au lieu où l'on fait rivage des dites marchandises appelé le *Wault* au plus près de la dite ville ».

Lille d'autre part pouvait également avoir par l'intermédiaire de la Lys des relations nautiques, non seulement avec toutes les villes échelonnées sur le parcours de cette rivière, mais encore, grâce à la communication établie entre la Lys et l'Aa, avec Saint-Omer et le littoral.

Il n'est donc pas étonnant qu'elle ait vu, peu à peu, croître l'importance de son rôle régional et ait fini par supplanter comme métropole de cette portion de la Flandre, Ypres, sa voisine.

Une autre particularité du site géographique de l'agglomération lilloise ne fut sans doute pas sans contribuer à ce résultat. Celui-ci en effet occupe dans la région entre Escaut et Lys une position à peu près *centrale, à une distance pas trop considérable* ni de l'une ni de l'autre de ces artères fluviales. C'est à cette particularité que Lille a dû jusqu'à ce jour d'être une place forte offensive de premier ordre, car une armée l'occupant pouvait se poster facilement, selon le besoin, sur l'une ou l'autre de ces rivières.

Il pouvait en être de même au point de vue des transports commerciaux.

Aussi vint un moment où le commerce estima utile de communiquer par voie d'eau avec l'Escaut, comme il pouvait déjà le faire avec la Lys depuis le XIIIe siècle.

Dès 1640, la ville de Lille avait formé le projet de joindre la Deûle à la Scarpe par le creusement d'un canal à partir de Berclau. Mais par suite de l'opposition des Etats d'Artois, ce ne fut qu'en 1685, sur ordre du roi Louis XIV, que ce projet fut exécuté.

Dès lors, Lille se trouva en communication avec tous les lieux d'échange situés aux confins des deux régions naturelles complémentaires : flamande et picarde, non seulement par voie de terre mais aussi par voie d'eau.

Sa prépondérance régionale s'en accrut d'autant plus qu'elle fut la seule des grandes villes commerciales des Pays-Bas, qui, après la guerre désastreuse de la fin du règne de Louis XIV, restât définitivement acquise à la France ; Ypres, Courtrai, Gand, Tournai, Mons qui lui avaient un moment appartenu lui ayant alors été arrachées.

A son rôle de *marché frontière entre deux régions naturelles* vint alors s'ajouter celui de marché frontière entre deux Etats voisins qu'elle garde encore à l'heure actuelle.

Cette influence régionale de l'agglomération lilloise devait croître encore, dans des proportions jusque là inconnues, au XIXe siècle, sous l'influence de toute une série de facteurs favorables.

Ce qui limite la zone d'attraction économique et sociale d'un « marché » local, régional, national ou international, c'est, nous l'avons vu, la **distance** ou plus exactement le **temps** *mis à la franchir*.

L'accélération des moyens de transports en réduisant ce dernier a donc pour résultat d'augmenter considérablement la force de cette attraction et son rayon d'action.

L'utilisation, au cours du XIXe siècle, de nouvelles et plus puissantes sources d'énergie que celles employées par l'homme jusqu'alors : la vapeur d'abord, l'électricité ensuite, la détonation des gaz enfin, a eu pour résultat de permettre une *accélération des moyens de locomotion* d'autant plus phénoménales qu'elle était encore facilitée par l'emploi d'engins augmentant les facilités de roulement, rails ou roues pneumatiques.

Le résultat fut : 1° D'accroître entre les lieux d'échange, **l'inégalité** existant déjà entre eux. Ceux plus favorablement situés par rapport aux nouveaux moyens de locomotion voyant grandir leur importance, les autres voyant la leur diminuer, sinon d'une façon absolue, vu le développement économique général, tout au moins de façon relative.

2° De diminuer l'autonomie des centres économiques que sont les lieux d'échanges commerciaux, en augmentant leur interdépendance, et par suite, la **subordination** des plus petits par rapport aux plus importants.

3° De réduire encore cette autonomie d'une autre manière en augmentant considérablement le champ d'attraction des lieux d'échange les plus importants qui faisaient ainsi entrer dans celui-ci et tomber dans la dépendance de ceux-là des marchés locaux ou des marchés de régions naturelles peu étendues, auparavant autonomes.

La prépondérance commerciale déjà acquise antérieurement par l'agglomération lilloise sur ses congénères ne pouvait donc que s'accroître sous l'influence de ces *facteurs, d'autant que celle-ci était, dès lors, non seulement un* lieu d'échange mais aussi un important centre de production, principalement pour l'industrie textile.

Or, l'utilisation des nouvelles sources d'énergie en développant le machinisme n'eût pas seulement pour effet de provoquer l'accélération des transports, mais *encore* d'opérer : 1° La **concentration** sur les points particulièrement favorables, des moyens de production ; 2° La division du travail amenant **la spécialisation** des lieux de production dans un genre déterminé d'opérations industrielles pour lesquelles ils présentaient des particularités particulièrement favorables.

Ces deux causes accrurent encore les effets urbains dus à l'accélération des transports. En effet, là encore, la concentration s'opéra (sauf lorsque ceux-ci présentaient des particularités de lieu défavorables aux nouvelles conditions de travail) en faveur des lieux de production ayant déjà acquis une grande importance et les inégalités entre eux et les lieux moins importants, s'en accrut. Par suite, s'accentua la subordination des seconds envers les premiers, devenus les régulateurs de la production dans une branche d'industrie déterminée. La spécialisation industrielle d'autre part eut aussi pour résultat d'amener entre les lieux de fabrications complémentaires une solidarité amenant également une dépendance plus ou moins étroite de certains d'entre eux envers d'autres *particulièrement importants.* Ainsi naquirent ces métropoles commerciales et industrielles, régionales et parfois mondiales, dont on a observé le développement quelquefois fantastique au cours du XIXe siècle et de ce premier quart du XXe.

L'agglomération lilloise, déjà antérieurement lieu important de production et d'échange, avait de grandes chances de devenir l'une d'elles, et c'est effectivement ce qui se produisit.

Incontestablement, elle est la métropole de la région la plus septentrionale de la France.

Cette région sociale comprend au minimum les départements du Nord et du Pas-de-Calais, beaucoup y comprennent en outre, et non sans raison, selon nous, le département de la Somme, et la portion septentrionale de ceux de l'Oise et de l'Aisne.

Cette seconde zone, en tout cas, même si on se refuse à la comprendre dans la région septentrionale proprement dite, constitue pour la première, à bien des points de vue qu'il serait trop long d'indiquer ici, une zone d'influence diluée que l'on pourrait appeler une « banlieue » régionale.

L'agglomération lilloise est donc, pour beaucoup de raisons, devenue la métropole du nord de la France. Or, on n'aperçoit pas actuellement les causes pouvant modifier cet état de choses favorable, car celles qui l'ont déterminé, continuent à agir dans le même sens et ne pourront, semble-t-il, qu'accentuer encore la proéminence que détient l'agglomération lilloise sur les autres lieux d'échange ou d'industrie de la région du Nord. Il n'en pourra donc résulter qu'un accroissement progressif de son rôle de capitale régionale, et par suite, de son développement urbanistique. Pour qu'il en fût autrement, il faudrait supposer, dans un avenir plus ou moins éloigné, une variation de ces causes, par l'apparition de nouveaux facteurs.

Ces facteurs éventuels pourraient, ou bien affecter toute la région, dans ce cas, les rapports des différentes parties de celle-ci entre elles ne seraient pas modifiés.

Ou bien affecter ses parties de façons différentes de manière à modifier ces rapports ; alors seulement il pourrait y avoir danger pour l'agglomération lilloise de se voir ravir le rang qu'elle occupe actuellement. Pour juger de la possibilité de telles éventualités, jetons un coup d'œil sur l'action et la réaction qu'exercent réciproquement l'une sur l'autre cette région et sa métropole.

§ II. — Actions et réactions réciproques de la région septentrionale et de sa métropole.

La métropole d'une région, en étant la tête et le cœur, ressentira, comme tout le reste du territoire de cette région, les effets des facteurs favorables ou défavorables agissant sur celle-ci, mais ces effets seront particulièrement intenses sur cet organe naturellement le plus sensible du corps social régional.

Or, quelles sont les caractéristiques de cette région septentrionale :

1° La première est d'être, à l'heure actuelle, **un des grands carrefours mondiaux** de voies commerciales, maritimes, terrestres et jusqu'à un certain point de navigation intérieure.

2° La seconde est la présence sur son territoire d'un **important bassin houiller**, le plus considérable de France qui lui procure une source d'énergie lui permettant de se livrer à toutes sortes d'opérations industrielles.

3° La troisième est **d'être assez proche** de deux autres régions : Lorraine d'une part, Normandie de l'autre, dont un produit, le minerai de fer, est complémentaire d'un des siens, la houille. La combinaison des **deux** permettant la fabrication de l'outillage mécanique aujourd'hui indispensable quelle que soit la nature du travail auquel on se livre.

Toute la région septentrionale est donc **à la fois** un lieu de transit commercial et de transformation industrielle. Elle est, en outre, un merveilleux atelier agricole par la fertilité naturelle ou acquise de son sol.

Au point de vue de sa position par rapport au bassin houiller de la région, dont elle est la métropole, l'agglomération lilloise se trouve placée dans une situation analogue à celle où elle se trouve par rapport aux lieux d'échange entre les deux grandes régions naturelles dont l'ensemble constitue sa région sociale. C'est-à-dire que ce bassin **dessine autour d'elle un arc de cercle** coïncidant avec une partie du précédent. Cette disposition permet des communications d'autant plus faciles avec tous les points de la zone houillère que celui-ci est en somme située à peu de distance de la métropole. Aussi, cette dernière se trouve, bien qu'étant en dehors de cette zone proprement dite, dans une situation presque aussi avantageuse que si elle était au cœur de celle-ci, comme Valenciennes ou Douai.

Cependant, la principale caractéristique de la région septentrionale, au point de vue de l'action et de la réaction mutuelles qui s'établissent entre elle et sa métropole est le fait qu'elle **constitue un carrefour de voies de communications mondiales.**

Fig. 5. — Site Régional.

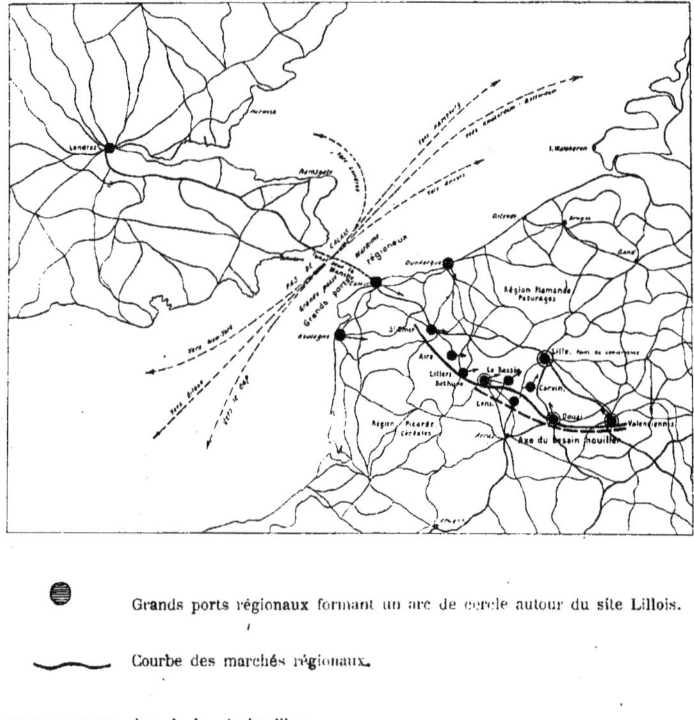

Par sa côte d'abord, dépourvue il est vrai de ces havres naturels qui suscitent la création de grands ports, mais qui a une position géographique telle, qu'elle a amené la création de plusieurs ports artificiels.

D'une part, en effet, elle est le **point du continent le plus rapproché des îles britanniques,** aussi a-t-elle été de tout temps le lieu de passage entre l'un et l'autre

D'autre part, elle constitue l'un des côtés de ce détroit du Pas-de-Calais qui, depuis la découverte du Nouveau Continent, est peut-être **la passe maritime du globe terrestre la plus fréquentée.**

C'est celle en effet qui met pratiquement la mer du Nord en relation avec les mers plus méridionales baignant l'Europe et l'Amérique.

Or, le long des bords de cette mer s'échelonnent les plus considérables des ports européens: Londres, Anvers, Rotterdam, Hambourg, pour n'en citer que quelques-uns.

C'est dire que les trois ports côtiers les plus importants de la région septentrionale pourraient, **devraient**, et du reste commençaient, dans une faible mesure, à être avant la guerre **une escale** de toutes les lignes de navigation unissant le nord de l'Europe à l'Amerique, à l'Europe méridionale et aux autres parties du monde.

Mais ce n'est pas seulement **sur** la voie maritime entre l'Europe septentrionale et le sud-ouest de ce continent que se trouve la région dont l'agglomération lilloise est la métropole. **La dite région constitue aussi une voie terrestre de communication entre les mêmes points.** Située en effet, entre la mer d'une part, et la région peu praticable des Ardennes, d'autre part, elle met la France en communication avec la plaine de Basse Allemagne qui se prolonge jusqu'aux limites orientales de l'Europe et jusqu'à l'Extrême-Orient par les plaines russes et sibériennes.

Aussi est-elle depuis l'origine des temps une des grandes voies de migration et d'invasion d'Orient en Occident, mais aussi heureusement, une grande voie commerciale de l'un à l'autre.

En outre, ce n'est pas seulement du nord au sud que la région septentrionale est une voie de transit, **elle en est une non moins importante d'ouest en est** et vice et versa.

Il en était ainsi, comme en témoigne César, dès avant l'occupation romaine, et au cours de cette dernière, l'existence de ce fait se traduisit sur le sol par la création des grandes voies reliant Boulogne à Reims et de là à Lyon, d'une part, à Maëstricht et Cologne d'autre part.

A vrai dire, antérieurement au XIXe siècle, aucune des routes terrestres qu'empruntaient ces divers courants circulatoires traversant la région dont Lille est la métropole, ne passait par cette ville, mais celle-ci était à bonne portée de chacune et par conséquent en ressentait indirectement les bienfaisants effets.

La nécessité d'établir pour la voie ferrée un nouveau réseau circulatoire vint donner l'occasion de modifier cet état de chose au grand avantage de l'agglomération lilloise.

Si la grande voie internationale qui, par Bruxelles et Liège, met Paris en communication avec toute l'Europe septentrionale continue à passer **au sud** de celle-ci, l'agglomération lilloise se trouve, par contre, traversée :

1° Par la ligne internationale de Calais à Bruxelles et à Cologne qui fait communiquer l'Angleterre avec toute l'Europe septentrionale.

2° Par celle de Calais à Bâle qui met celle-ci en relations avec l'Europe centrale, orientale et méridionale. Ce qui signifie qu'en fait, la métropole lilloise **se trouve maintenant en rapport direct par voie ferrée avec presque toutes les métropoles européennes.**

Ce n'est plus seulement parce qu'elle est située **dans** une région constituant un carrefour mondial que sa prospérité commerciale et que son développement urbanistique peuvent être favorablement influencés, mais bien **parce qu'elle est effectivement un carrefour et une étape** du réseau ferroviaire mondial.

Ce rôle régional et ultrarégional de l'agglomération lilloise est à la veille d'un accroissement possible très important que nous examinerons dans un instant.

Avant de le faire, résumons à grands traits la position régionale dans laquelle se trouve déjà la métropole lilloise.

1° Elle est le **point de convergence d'une série de lieux d'échange entre régions naturelles** qui forment à l'ouest et au sud de son site une sorte de demi-cercle.

2° Elle est également le **lieu de convergence de tous les points d'un bassin houiller** important formant au sud de son site un autre arc de cercle représentant un secteur du précédent.

3° Elle est **au centre d'un important réseau de voies navigables intérieures** qui la met en communication, d'une part avec le littoral maritime de sa région ; d'autre part avec l'Escaut, par l'intermédiaire duquel ce réseau est déjà ou sera raccordé avec l'ensemble du réseau navigable séquanien d'un coté, avec celui de l'est de la France, d'un autre coté, enfin avec les ports de Gand et d'Anvers.

4° Par ses canaux, par ses routes terrestres directes, par ses voies ferrées, elle est en communication avec les trois grands ports de sa côte régionale : Boulogne, Calais et Dunkerque, qui *sont comme* **ses faubourgs maritimes sur la grande ligne de navigation qui passe par le détroit du Pas-de-Calais** et dont chacun a un rôle spécial.

Boulogne, comme pourvoyeur de marée, et grâce à son port en eaux profondes comme point d'escale des grandes lignes de navigation transatlantique.

Calais, comme port de transit avec l'Angleterre.

Dunkerque enfin, *comme entrepôt commercial maritime*.

Ces trois ports **forment également un demi-cercle dont la métropole lilloise est aussi le point de convergence naturel.**

C'est cette situation centrale par rapport aux principaux éléments d'activité et de prospérité économiques de la région qui, selon nous, a fait de l'agglomération lilloise la capitale de la région et qu'elle le restera, sauf imprévu, ce rang ne pouvant lui être disputé que par deux catégories d'agglomérations urbaines de celle-ci.

Les ports maritimes d'une part, qui, recevant matières premières et combustibles par voie de mer pourraient voir s'accroître considérablement leur activité industrielle. Mais leur voisinage même les uns des *autres* et la *division des éléments* de trafic qui en résulte empêchera, pensons-nous, l'un d'entre eux d'acquérir par rapport aux autres une situation assez prépondérante pour assumer le rôle de capitale régionale.

Aucun d'eux, du reste, n'est situé sur ou à proximité de l'estuaire d'une grande artère fluviale drainant *naturellement* à *son profit un hinterland* pénétrant parfois très profondément à l'intérieur des terres.

L'autre catégorie de compétiteurs possible est celle des villes industrielles situées à la fois sur le bassin houiller et sur la grande route internationale de Paris a l'Europe septentrionale et sur la grande artère fluviale naturelle qu'est l'Escaut. Mais leur situation, plus excentrique par rapport aux ports régionaux d'une part, aux marchés où s'opère l'échange des produits propres aux deux grandes régions naturelles constituant la région sociale dont Lille est la métropole d'autre part, permettra à celle-ci de lutter avec chance de succès. D'autant que par la Lys et la Deûle, cette dernière possède pour le trafic par voie d'eau avec Anvers et les régions plus septentrionales, des avantages analogues à ceux des villes de l'Escaut.

Quant à celui d'être sur la voie de transit naturel de Paris et du sud-ouest de la France aux régions septentrionales d'Europe, il est balancé par celui qu'à Lille d'être sur celui de Londres aux mêmes régions et à celles du sud-est.

Pour ce qui est de l'avantage d'être situé en plein bassin houiller, grâce à la possibilité récente de transporter à grandes distances l'énergie nécessaire aux travaux industriels, il perdra plutôt de son importance dans le prochain avenir et ne subsistera que pour certaines industries spéciales où le combustible joue un rôle prépondérant.

Pour les autres, il est, d'ores et déjà souvent, plus avantageux d'être à proximité du bassin houiller que dans ce bassin même. C'est-à-dire en somme dans un site géographique analogue à celui de l'agglomération lilloise. Elles peuvent ainsi profiter de la plus grande partie des avantages qu'est susceptible de procurer ce voisinage, tout en évitant certains des inconvénients qu'il peut entraîner, par exemple, au point de vue du facile recrutement de la main-d'œuvre.

Quant aux agglomérations urbaines de la région septentrionale, situées sur le plateau picard, il ne semble pas qu'elles puissent, un jour, disputer à l'agglomération lilloise son rang de métropole régionale. Elles sont trop éloignées, d'une part des ports littoraux, d'autre part de la frontière belge. En outre, sauf Arras peut-être, elles sont trop rapprochées de Paris et dans une situation trop peu avantageuse par rapport au bassin houiller et à la ceinture des petits marchés établis à la limite commune des places flamandes et picardes.

Ainsi donc, semble-t-il, l'agglomération lilloise peut envisager sans crainte l'avenir en tant qu'organisme régional.

Tout facteur susceptible d'accroître la prospérité et le développement soit de l'ensemble de la région, soit d'un des points particuliers de celle-ci ne peut lui être que profitable et accroître indirectement, de façon plus ou moins considérable, son développement urbanistique propre.

Mais l'action exercée par la région sur sa métropole n'a pas seulement pour effet de doter cette dernière **de fonctions régionales,** elle a aussi pour résultat de la qualifier pour un rôle ultra régional assez important, national tout d'abord, international ensuite.

1° En premier lieu, étant, dans son ensemble, un carrefour de voies de transport mondial, sa métropole est naturellement un de ces points du globe ayant un rôle plus ou moins international à remplir.

2° L'importance de ce dernier pourra être d'autant plus considérable que le rôle de la région, et par conséquent de sa capitale, dans l'économie nationale, sera plus considérable.

Le temps nous a manqué pour pouvoir calculer exactement d'après les statistiques antérieures à la guerre quel pouvait être le pourcentage, dans la production nationale, de la part de la région septentrionale telle que nous l'avons délimitée. Nous nous contenterons donc d'affirmer, ce que personne ne contestera, qu'elle était considérable et le redeviendra.

Mais la fonction ultra régionale qui en résulte pour la métropole a pour effet d'accroître l'intensité même de son influence régionale, car elle devient de la sorte, dans une mesure plus ou moins large, le **point de contact** entre cette région et les réseaux de circulation mondiaux, particulièrement de ceux qui, comme le réseau ferré de trafic international, ne comporte, afin de pouvoir réaliser le maximum de vitesse commerciale, qu'un nombre restreint de points d'escale.

De ce fait, la métropole voit croître la prépondérance qu'elle exerce comme marché sur les autres lieux d'échange situés sur le territoire de sa région.

C'est une nouvelle cause notable d'accroissement de son rôle économique et social sur celle-ci, qui en amène un autre, plus ou moins important de l'agglomération bâtie urbaine qu'elle constitue.

Or, toute une série de facteurs nouveaux nous paraissent devoir, dans un avenir plus ou moins proche, augmenter notablement le rôle ultra régional de l'agglomération lilloise. C'est-à-dire que le développement urbain de celle-ci nous paraît loin d'avoir encore atteint son apogée.

§ III. — Particularités susceptibles d'accroître les fonctions régionales et ultra régionales de l'agglomération lilloise

A) *Trafic international de voyageurs et de marchandises par voie ferrée.*

Déjà, avons-nous dit, l'agglomération lilloise était sous ce rapport avant les événements de 1914 dans une situation des plus favorables.

En effet, elle était, par l'intermédiaire de la gare de La Madeleine, située sur son territoire, un point d'arrêt des express internationaux qui circulent de Calais à Cologne d'une part, de Calais à Nancy et Bâle d'autre part.

Mais ces lignes ont elles-mêmes des prolongements qui n'en font qu'un des éléments du réseau de voies ferrées qui enserre actuellement le monde.

La ligne de Calais à Lille est en effet le **tronçon commun** des voies ferrées les plus directes kilométriquement :

1° De Londres à Bruxelles, La Haye, Amsterdam.

2° De Londres à Bruxelles, Cologne, Hambourg, Copenhague, Christiania et Stockholm.

3° De Londres à Bruxelles, Cologne, Berlin et Pétrograd.

4° De Londres à Bruxelles, Cologne, Berlin, Varsovie, Moscou, et par le transsibérien à Pékin.

5° De Londres à Bâle, Milan, Rome, Brindisi. Et de Brindisi par voie maritime à l'Inde.

C'était déjà là une situation très favorable mais lorsque l'état encore chaotique des transports internationaux d'après guerre se sera stabilisé, elle est susceptible de le devenir encore davantage, car un facteur déjà acquis et d'autres éventuels devront déjà logiquement faire de la voie littorale du Pas-de-Calais à Lille le **tronc du réseau ferré international de l'Angleterre à la presque totalité du reste du monde ancien.**

D'ores et déjà en effet l'ouverture des tunnels du Lœtschberg et du Simplon et l'exécution du raccord **Moutiers-Granges** ont fait de la ligne de Calais à Milan et Brindisi par Lille, Nancy, Belfort, Bâle et Berne, la voie la plus courte, de Londres à ce dernier point et par conséquent le trajet naturel de la malle des Indes, jusqu'au jour où celle-ci passera par Constantinople, Bagdad et Bassorah.

Quoiqu'il en soit, même alors, elle restera la ligne la plus directe de Londres à la Suisse, à l'Italie, à l'Egypte.

Lorsque la malle des Indes roulera jusqu'à Bassorah ou qui sait, peut-être ensuite par Bagdad et la Perse jusqu'à l'Inde elle-même, la situation pour le tronçon littoral du Pas-de-Calais à Lille n'en sera que meilleure.

En effet, ou bien pour gagner Belgrade, Constantinople et Bagdad, étant donné notre insouciance des possibilités économiques, la France laissera choisir le tracé Bruxelles, Cologne, Francfort, Nuremberg, Vienne, Bucarest, Belgrade. Ou bien elle saura imposer le trajet Lille, Metz, Strasbourg, Stutgard, Vienne, Bucarest, Belgrade, qui serait kilométriquement le plus court, qui augmenterait sensiblement le parcours en territoire français et par suite la part de notre réseau ferré dans le trafic international. Ou bien encore la ligne plus longue Lille, Berne, Milan, Trieste, et au delà par des raccords en territoire Yougo-Slave qui sont déjà, à l'étude, dit-on, entre Agram, Serajevo, Nich et Constantinople, ce qui aurait l'avantage de mettre le passage de la dite malle entièrement en pays d'Entente et établirait la correspondance avec la ligne Bordeaux, Bucarest, Odessa ou ligne du 45e parallèle dont il a été beaucoup question depuis la fin de la guerre.

Quel que soit le trajet finalement adopté, le tronçon **littoral du Pas-de-Calais-Lille** sera **commun** aux trois itinéraires. L'agglomération lilloise en profiterait donc de toute manière et se verrait ainsi toujours, non seulement sur la route de Londres aux Indes, mais en communication directe avec toute l'Europe sud-orientale et l'Asie-Mineure.

A vrai dire, la situation ferroviaire favorable à l'agglomération lilloise ne produira son plein effet que le **jour où le tunnel sous la Manche sera du domaine des réalités**. Jusque-là, la voie concurrente d'Ostende-Bruxelles pourra toujours, dans une certaine mesure, entrer en compétition avec le parcours Calais-Lille. Quels que soient les préjugés insulaires qui, jusqu'à présent, ont prévalu en Angleterre pour empêcher l'exécution de ce projet, sa nécessité finira par s'imposer avec une telle évidence, qu'il faudra bien que l'entêtement britannique cède finalement devant celle-ci. Ce jour-là, qui est peut-être plus proche que ne permettent de le supposer les dernières nouvelles publiées par la presse à ce sujet, la situation favorable de l'agglomération lilloise au point de vue des relations internationales produira son plein effet. Le développement que cette agglomération est susceptible de prendre comme nombre d'habitants et comme superficie bâtie en pourra être notablement accru.

B) *Voies de navigation intérieure.*

Bien qu'à notre connaissance il n'existe pas de projets récents de voie de navigation intéressant directement l'agglomération lilloise, ceux déjà en cours d'exécution avant la guerre comme le canal du Nord ou en projet comme celui du Nord-Est qui, depuis le retour de l'Alsace et de la Lorraine s'impose avec une plus grande évidence encore, auront, sur la prospérité de la région, une influence dont l'effet indirect se fera de toute manière sentir dans sa capitale.

C) *Voies de navigation aérienne.*

C'est également pour mémoire que nous signalons les effets possibles de la navigation aérienne.

Lorsque celle-ci sera devenue un véritable mode de transport de voyageurs et de marchandises, le réseau national et international de communications qui en résultera aura les mêmes effets que les autres réseaux des modes de locomotion différents.

Il est fort à craindre que Lille ne soit pas appelé à devenir une escale du réseau international aérien. En effet, la caractéristique du mode de transport commercial aérien sera, pensons-nous, la vitesse commerciale, supérieure à celle des autres modes de transport qu'elle permettra de réaliser compensant pratiquement en partie son coût qui, croyons-nous, restera toujours plus élevé que celui de ces autres modes.

Pour bénéficier pleinement de cet accroissement de vitesse commerciale, il faudra réduire au minimum le nombre des escales, et comme les distances entre celles-ci se compteront « à vol d'oiseau », les parcours s'établiront en lignes droites entre ces escales.

Dès lors, il est à penser que le réseau international s'établira de capitales d'Etats à capitales d'Etats.

A ce réseau international se soudera un réseau national. Dans celui-ci également, pour les mêmes raisons, les escales seront aussi peu nombreuses.

Mais l'agglomération lilloise est toute désignée pour en devenir une, car, de même que le réseau international s'établira de capitales à capitales, le réseau national aérien s'organisera de métropoles régionales à métropoles régionales. L'agglomération lilloise en étant une, est toute désigné pour être une escale de ce réseau.

Le service de la navigation aérienne du sous-secrétariat de l'aéronautique avait du reste déjà prévu cet aménagement dans le programme qu'il devait réaliser en 1920.

Même si cette escale ne pouvait être organisée de suite, il n'y a néanmoins pas de doute qu'elle ne le soit un jour ou l'autre, soit à l'emplacement actuellement prévu, soit à tout autre.

Ce n'est en effet qu'aux environs de la métropole de la région septentrionale, dans l'arrondissement de 855.821 habitants en 1911, dont cette métropole est le cœur, qu'une escale de ce genre sera commercialement viable.

Mais lorsque ce mode de locomotion, étant devenu pratique, sera entré dans les mœurs, cette situation d'escale régionale aérienne, renforcera, elle aussi, l'attraction exercée par la métropole sur la région septentrionale et deviendra encore une cause notable de développement urbanistique.

Que conclure de l'examen auquel nous nous sommes livré du rôle régional et ultrarégional de l'agglomération lilloise ?

Ceci, à notre avis, que ce rôle, bien que déjà considérable, **est loin d'avoir atteint tout son développement et produit tous ses effets, notamment par rapport à la superficie que peut être appelée à couvrir dans l'avenir cette métropole régionale.**

Reste maintenant à examiner celle qu'elle est susceptible d'atteindre et pour laquelle il y a dès lors lieu de prévoir un programme d'urbanisation.

Le Champ d'Attraction Urbaine de l'Agglomération Lilloise

Dans les pages qui précèdent, nous avons, on l'a remarqué, toujours parlé de **l'agglomération lilloise** et non de la **ville ou de la commune de Lille.**

Le véritable problème urbanistique qui se pose aux autorités ayant la responsabilité d'engager l'avenir de l'être collectif dont le corps urbain s'étend pour partie sur la circonscription administrative et politique formant la commune de Lille, **n'est pas en effet de concevoir un aménagement plus ou moins heureux pour la portion restreinte qu'est le territoire communal de la ville de Lille,** mais bien de doter l'ensemble de celui-ci, dont cette dernière ne forme que la partie centrale, d'un vêtement à sa taille actuelle et qui soit assez ample pour lui permettre de croître normalement sans entraves.

Le fait que les grandes agglomérations urbaines s'étendent maintenant souvent sur plusieurs communes contiguës n'a pas échappé du reste aux rédacteurs de cette loi du 14 mars 1919 qui marquera la date de l'avènement de l'urbanisme en France et par laquelle notre législation a rattrapé une partie du formidable retard qui caractérisait notre pays en fait d'aménagement des agglomérations urbaines.

Elle prévoit en effet, dans son article 9, le cas où il serait nécessaire, pour concevoir un plan urbain d'aménagement et d'extension rationnels, d'étendre celui-ci au territoire de plusieurs communes.

Elle institue, dans ce cas, une procédure particulière. Tout ce qu'il convient d'en retenir pour l'instant c'est que, lorsque les êtres collectifs que sont les grandes agglomérations s'étendent effectivement sur le territoire de plusieurs administrations communales, **c est rester dans l'esprit de la loi et réaliser les vœux des législateurs que d'étudier dans son ensemble le problème urbanistique véritable qui se pose.**

Cette juste et intelligente compréhension des termes de celui-ci est du reste celle à laquelle sont arrivées les municipalités d'une des agglomérations urbaines importantes situées dans la région dont l'agglomération lilloise est la métropole, « celle de Dunkerque ».

Les municipalités qui la composent, avec une largeur de vue qui les honore, sont tombées d'accord pour étudier et réaliser un plan d'aménagement et d'extension qui s'étendra sur les territoires des communes de Dunkerque, Malo, Rosendaël, Coudekerque-Branche, Petite-Synthe, Saint-Pol, la partie de territoire de Leffrinckhoucke faisant suite à ceux de Rosendaël et Malo et celle de Capelle faisant suite à celui de Coudekerque.

C'est qu'en effet, il y a beau jour, comme le remarquait M. Blanchard dans sa belle étude sur « La Flandre », que ces diverses communes ne constituent qu'un **seul et même être collectif.**

Parlant de l'augmentation de population de Dunkerque au cours du XIX° siècle, il remarquait :

« La croissance au cours du siècle s'est poursuivie régulièrement sans à-coups. Ici les statistiques n'indiquent pas exactement la réalité ; à s'en tenir au chiffre de recensements, l'accroissement serait lent et la population à peu près stationnaire ..., et l'on s'étonne qu'un port qui est devenu le troisième de France ait si peu d'habitants et présente une si faible augmentation. Simple apparence. Depuis 30 ans Dunkerque, complètement rempli dans son enceinte, s'est répandu au dehors dans les communes suburbaines.

« Aux 39.000 Dunkerquois intra-muros, qu'on joigne les 32.000 personnes qui vivent à Rosendaël, Saint-Pol, Coudekerque-Branche, Malo et Petite-Synthe, et l'on obtient 71.000 habitants, le vrai chiffre de la population dunkerquoise ».

C'est aussi répondre aux vues de la municipalité lilloise que d'étudier quelle est l'étendue réelle présente et celle future probable de l'agglomération lilloise : puisque dans le programme du présent concours nous lisons dans l'article 1er :

« Enfin les concurrents ne devront pas perdre de vue que *Lille et les communes* de sa banlieue, limitrophes ou non, ont une communauté de relations et d'intérêté telle, que pratiquement, aucun problème économique et social ne peut être envisagé *et résolu pour Lille seule mais au moins pour une partie de la grande agglomération* lilloise sinon pour l'agglomération toute entière. »

Il est en conséquence recommandé aux concurrents d'entreprendre l'étude demandée avec les vues les plus larges, **sans se préoccuper des circonscriptions administratives** et en englobant dans leur plan tout ou partie des communes voisines, et en un mot tout ce qui, dans leur conception, doit constituer l'agglomération lilloise non seulement telle qu'elle peut être définie à l'heure actuelle, mais telle qu'ils en imaginent le développement et l'extension dans l'avenir. »

Il convient donc en somme de déterminer en quoi consiste l'étendue du territoire qui constitue **la zone d'influence urbanistique lilloise**, c'est-à-dire : son corps urbain, sa banlieue urbaine, sa banlieue rurale et sa grande banlieue.

Telle est en effet l'aire qui compose le domaine propre de l'être collectif qui habite l'agglomération lilloise.

CHAPITRE I.

PRINCIPES DIRECTEURS PERMETTANT DE DÉTERMINER L'ÉTENDUE D'UNE AGGLOMÉRATION URBAINE.

Les limites du domaine occupé par la société naturelle qui constitue l'être collectif dont l'agglomération urbaine est le corps ou la carapace, peuvent parfois atteindre des dimensions très considérables.

Cette société naturelle est en effet celle à qui la science sociale a donné le nom de « Commune ».

La « Commune » au sens sociologique du mot est une association de ces organismes sociaux élémentaires que sont les « familles ».

Pour qu'une asociation de ce genre groupe un certain nombre de familles, il faut qu'il y ait entre ces familles des rapports qui créent entre elles des liens de « voisinage ».

Ces liens résultent des rapports forcés que l'on entretient avec ses voisins ; rapports économiques par voie d'échange de produits, comme il arrive entre les fournisseurs et clients ; par prestation de travail contre rémunération en nature ou contre espèces, comme il arrive entre employeurs et salariés ; par services gratuits aussi que, dans certaines circonstances pénibles ou joyeuses de la vie, on se rend entre personnes habitant dans le voisinage les unes des autres ; par servitudes, enfin que l'on est obligé de subir en vue du bien commun par suite de la proximité les uns des autres dans laquelle on est obligé de vivre.

C'est cette proximité forçée, ce *voisinage* des individus composant les familles et des familles elles-mêmes qui déterminent cette « union » qui fait de tous ces êtres humains l'être collectif qu'est la véritable « Commune », et c'est l'étendue sur laquelle vivent ces êtres humains et ces familles qui constitue **l'agglomération dont le territoire devrait en bonne logique constituer l'unité administrative portant ce nom.**

C'est, en tout cas, celle pour laquelle il y a lieu d'examiner un plan unique d'aménagement et d'extension.

Or, il est évident que cette proximité ne saurait s'étendre indéfiniment. Les liens de voisinage, d'abord étroits, quand cette proximité est immédiate, vont en s'atténuant et se relâchant au fur et à mesure qu'elle diminue ; il arrive un moment où la **distance** les rend d'abord difficiles puis impossibles.

C'est donc la **distance** qui, en réalité, finit par limiter l'étendue d'une agglomération urbaine.

C'est elle qui tout d'abord détermine, nous l'avons vu, la dimension des **« unités urbanistiques »** que sont les « quartiers ».

Lorsque le quartier métropolitain, en effet, a atteint une certaine dimension, la distance qui sépare sa périphérie du foyer ou des foyers de ce dernier, devient trop grande pour que puissent se produire certaines relations de voisinage : celles qui necessitent une très grande proximité ; c'est ainsi qu'apparaissent ces « centres civiques » de quartiers, succursales de ces « centres civiques primordiaux » que sont le ou les foyers du **« quartier métropolitain »**.

A chaque degré de diminution des rapports de voisinage correspond une zone d'influence urbanistique différente : zone urbanisée ou en voie d'urbanisation, banlieue urbaine, banlieue rurale, grande banlieue, région.

Mais comme nous avons déjà eu l'occasion de le faire remarquer, les limites de ces zones ne sont pas immuables.

La distance, en effet, qui atténue puis supprime les phénomènes sociaux nés du voisinage, n'est pas la **distance géographique** absolue c'est-à-dire celle qui s'exprime par un chiffre indiquant un nombre de kilomètres, mais la **distance pratique**, c'est-à-dire celle qui s'exprime en chiffres indiquant le **temps nécessaire pour effectuer un certain parcours.**

Cette distance pratique variera avec la plus ou moins grande rapidité des moyens de transports dont peuvent disposer les habitants d'une agglomération donnée.

C'est une des raisons qui explique le prodigieux accroissement en étendue de certaines agglomérations urbaines au cours du XIXe siècle, car durant ce laps de temps, l'augmentation de cette vitesse de transport a été elle-même fantastique.

On conçoit dès lors que les limites administratives communales tracées avant cette augmentation **ne répondent plus du tout à la situation urbanistique qui est résultée de cette augmentation.**

Mais l'accélération des transports n'est pas la seule cause de l'accroissement formidable pris par certaines agglomérations urbaines au cours du XIXe siècle.

Il y en a une seconde que nous avons déjà eu loccasion d'indiquer : l'emploi industriel de nouvelles sources d'énergies : vapeur, électricité, explosion des gaz, qui a amené une **concentration des ateliers de production** sur des sites urbains particulièrement favorables.

Il en est résulté sur ces sites une immigration d'habitants parfois considérable pour laquelle il a fallu bâtir de nouvelles demeures.

Prenons Leipzig, par exemple, qui, nous dit M. Victor Cambon dans « l'Allemagne au travail », « couvrait, au début du XIXe siècle un modeste espace circulaire de 1 kilomètre à peine de diamètre ».

Sa population était de :

32.000 habitants en 1800 ;
97.000 » » 1830 ;
102.900 » » 1870 ;
357.000 » » 1891, à la suite d'annexions urbaines ;
456.000 » » 1900 ;
537.000 » » 1909.

« On se rend difficilement compte du mouvement de construction que provoque une semblable poussée » avoue cet auteur. Mais il est évident que les nouvelles maisons nécessaires aux 500.000 nouveaux habitants n'ont pu s'édifier dans l'espace circulaire de 1 kilomètre de diamètre qui, au début du XIXe siècle, constituait le corps urbain de Leipzig.

Elles ont dû, en grand nombre, s'édifier, dans la zone contiguë à celui-ci qui formait alors sa banlieue urbaine et rurale, sur le territoire d'autres communes dont certaines furent annexées dans la période de 1870 à 1891, ce qui fit tripler officiellement le chiffre de la population de Leipzig pendant ce laps de temps.

Mais cet accroissement du corps urbain força la zone de banlieues à se déplacer périphériquement et à englober des espaces qui n'en faisaient pas précédemment partie.

Le champ d'attraction urbanistique d'une agglomération s'est donc accru d'une façon considérable au cours du XIXe siècle et de ce premier quart du XXe siècle sous l'influence de deux facteurs :

1° La « **citadinisation** » de la population nationale provoquée par la concentration des moyens de productions industrielles autour de certains foyers d'énergie et des grands marchés économiques.

Par suite de cette « citadinisation », le « corps urbain » a été forcé de croître en étendue. Par conséquent son développement circonférenciel s'est lui-même accru. Dès lors, même si la distance pratique réglant l'étendue des zones d'urbanisation en cours ou éventuelle que sont les banlieues urbaine et rurale était restée la même, les limites circonférencielles de ces zones eussent augmenté puisque le rayon partant des foyers du quartier métropolitain qui les détermine est la somme du rayon R délimitant la circonférence du corps urbain et des longueurs métriques R' et R" qui sont fonction de la distance pratique résultant des moyens de locomotion dont la population urbaine peut disposer.

La limite de la zone d'attraction urbaine pour laquelle il convient de concevoir un plan d'extension, est celle où l'urbanisation est déjà spontanément en cours de réalisation, ou peut être envisagée dans un avenir plus ou moins rapproché, c'est-à-dire les banlieues urbaines et rurales. C'est donc la circonférence décrite avec un rayon $R + R' + R''$.

Il n'y a pas lieu d'y comprendre la grande banlieue, puisque par définition, c'est celle dont l'urbanisation prochaine n'est pas à prévoir, sinon sporadiquement.

2° **L'accélération des moyens de transports** qui, en réduisant la distance pratique, en temps, a pour effet d'augmenter la longueur métrique possible d'un coefficient que nous appellerons V.

Dès lors, la longueur du rayon du cercle à décrire pour délimiter autour du ou des foyers du quartier métropolitain la surface qui constitue le territoire de la société communale naturelle nous sera donnée par la formule :

$$V\,(R + R' + R'')$$

C'est donc logiquement pour cette surface que doit être conçu le projet de plan d'extension de l'agglomération.

Toutefois, on pourra, en pratique, se contenter tout d'abord d'étudier seulement l'urbanisation de la surface qui serait comprise dans le cercle décrit par un rayon $V\,(R + R' + r)$.

$$r \text{ étant} < R$$

Pour pouvoir se faire une idée de la valeur pratique que peuvent atteindre les termes de cette formule, il nous faut examiner de plus près les effets de la citadinisation, car la valeur R dépendra :

a) De l'intensité possible de celle-ci, même en dehors des moyens de l'accélération de transports. C'est elle qui, au cours du XIXe siècle, jusqu'au moment du développement des moyens rapides de transport urbain en commun a été le grand facteur du développement du corps urbain.

b) De la réduction pratique des distances résultant de l'accroissement de vitesse des moyens de transports.

§ 1. — *La* **« citadinisation »**.

Nous appelons ainsi le phénomène qui a poussé au cours du XIXe siècle la population des diverses nations européennes vers les agglomérations urbaines où se concentraient les ateliers de production *industrielle actionnés par les nouvelles* sources d'énergie utilisées et les échanges commerciaux : villes industrielles, ports, marchés régionaux.

Cette citadinisation est d'origine récente. Au début du XVIIe siècle, aucune ville de l'Europe chrétienne ne comptait plus de 200.000 habitants.

Au début du XVIIIe, Paris et Londres avaient atteint 500.000 habitants, 12 autres villes avaient au moins 100.0000 habitants.

Plaçons-nous maintenant dans le dernier tiers du XIXe siècle et au début du XXe siècle.

Pour l'Allemagne : en 1871, ce pays avait seulement 6 villes de plus de 100.000 habitants ; en 1880, il y en avait 14 ; en 1890 26 ; en 1900, 33 ; en 1910, 48.

Pour l'Angleterre : en 1871, 18 villes seulement de plus de 100.000 habitants ; en 1901, 40.

En France, en 1872, 9 villes de plus de 100.000 habitants ; en 1892, 12 ; en 1911, 15.

Il semblerait donc qu'en France, la citadinisation se soit fait moins sentir qu'en Angleterre ou en Allemagne, au moins pour les grandes villes. Nous verrons dans un instant que ce n'est qu'une apparence qui provient, d'une part de notre faible natalité générale, et aussi, d'autre part, des divisions administratives surannées que *nous avons subies jusqu'à ce jour et qui* **fractionnent en plusieurs soi-disant villes de 10 à 20.000 habitants, le territoire d'une agglomération urbaine qui comprendrait** *un chiffre total atteignant* les 100.000 habitants.

Aux Etat-Unis : en 1880, 18 villes de plus de 100.000 habitants ; en 1890, 28 ; en 1900, 38.

En 1850, il n'y avait, aux Etats-Unis, qu'une seule ville de plus de 500.000 habitants ; en 1908, 16.

En 1880, une seule ville y dépassait le million ; en 1910, il y en avait 10.

Mais ce n'est pas seulement le nombre **absolu** des grandes agglomérations qui a crû dans chaque pays. C'est aussi et surtout le nombre des habitants dans celles-ci.

En 1696, Londres comptait 530.000 habitants ; en 1801, 865.000 ; la progression n'est pas très considérable pour un siècle. 30 ans après, 1.427.000 habitants. C'est qu'en effet, les effets du machinisme se font sentir en Angleterre, patrie de Watt, plus tôt que sur le continent. En 1871, 3.254.000 ; en 1911, 4.523.0000 habitants.

Ceci s'entend pour le Londres officiel. Si l'on prend à cette dernière date **l'agglomération londonnienne réelle le total est de 7.252.968.**

Mais ce qui démontre mieux encore que l'accroissement du nombre des grandes villes ou celui du chiffre absolu de leurs habitants, le phénomène social de la citadinisation, **c'est la proportion dans les différents pays du chiffre total de la population rurale et de la population des agglomérations officiellement considérées comme villes.**

En Allemagne, la population urbaine est passé de 36 % de la population totale en 1871, à 57 % en 1905.

Si l'on prend le chiffre de la population non plus en pourcentage, mais en nombre, on voit que la population urbaine est passée de 14.800.000 habitants en 1891 ; à 34.800.000 en 1905, soit 20 millions d'augmention en 25 ans. Quant à la population rurale, elle n'a pas augmenté en chiffre absolu, elle était de 26.200.000 en 1871, elle n'était plus que de 25.800.000 en 1905.

En Angleterre (au sens anglais du mot, c'est-à-dire non compris l'Ecosse, l'Irlande et le pays de Galles), la moitié de la population est urbaine en 1851. En 1870, la population urbaine représente 62 % de la population totale ; en 1891, 72 % ; en 1911, 78 %.

En France, de 1846 à 1901, c'est-à-dire dans la seconde partie du XIXe siècle, la population urbaine est passée de 24, 4 % de la proportion totale à 51 %.

Dans ces différents pays, l'on considère comme urbaines les agglomérations de 2.000 habitants.

Aux Etat-Unis, où on ne commence à considérer comme telles que celles de 8.000 habitants, l'on trouve que la population *urbaine ainsi définie* qui était, en 1850, de 12, 4 % de la population totale était, en 1900, de 32 %.

La *citadinisation est donc un phénomène général.*

Il s'est vérifié également dans notre région. Dans sa belle étude sur les *densités des populations du département du Nord au XIXe siècle*, M. Blanchard, en effet, nous apprend :

« *En ne considérant comme urbaine* que la population des communes qui dépassent **cinq mille** habitants, on constate que le département possédait en 1804, 17 de ces communes constituant un groupe de 221.121 habitants (13.007 en moyenne par commune). Or, en 1901, l'arrondissement de Lille comptait déjà 620.711 habitants urbains, et l'ensemble du département, 56 communes de plus de 5.000 habitants groupant 1.022.365 personnes (18.257 par commune), l'augmentation était de 362 %, soit trois fois supérieure à celle du département (125 %). »

« En revanche, l'importance relative de la population rurale ne fait que diminuer. En y rangeant toutes les communes qui n'atteignent pas 5.000 habitants » — ce qui à notre avis, donne encore une part trop importante à l'élément rural ; les communes de cette importance étant souvent déjà en voie avancée d'urbanisation, pour certaines portions tout au moins de leur territoire — « On voit que ce groupe n'a augmenté que de 39 % au cours du siècle... D'ailleurs, tandis qu'en 1804, les 17 communes de plus de 5.000 habitants formaient seulement 27 % de la population totale, en 1900 les 56 communes analogues renferment 55 % du total du département, les villes ont dépassé les campagnes ».

Mais, comme toutes les moyennes, ces chiffres ne donnent pas encore une idée exacte de ce qu'est le phénomène de la *citadinisation*. **C'est commnne par commune** qu'il est intéressant d'interpréter les résultats en examinant ce qu'est devenue, au cours du siècle, la densité de leur population et de la reporter sur une carte, c'est ce que fait M. Blanchard, et grâce à lui, nous allons pouvoir saisir la véritable allure des phénomènes de citadinisation dans le département du Nord et dans l'agglomération lilloise.

« La densité moyenne du premier est passée de 145 à 326 habitants au kilomètre carré. Mais l'impression de régularité dans la répartition des habitants que communiquait la carte, faite d'après le recensement de 1804, ne se retrouve plus sur celle de 1901. »

» Des sept arrondissements, cinq se trouvent au-dessous de la moyenne générale... L'arrondissement de Valenciennes ne s'élève pas sensiblement au-dessus de la moyenne, il est à 378. Seul et loin au-dessus des autres, l'arrondissement de Lille culmine à 923, presque trois fois plus que le chiffre d'ensemble. »

» Ainsi, c'est surtout à la présence d'un groupe de grandes villes (près de 600.000 âmes pour Lille-Roubaix-Tourcoing et leurs faubourgs), centres d'une importante région industrielle, que le département doit sa forte densité en population.»

» L'aspect de la carte éclaire ces statistiques : les gros points noirs, signes des fortes densités, se sont rapprochés, groupés, ils constituent **cinq amas** indiquant une population très dense. »

» De la plaine maritime est sorti le groupe de Dunkerque. Six communes qui se touchent possèdent plus de 400 habitants par kilom. carré des six ; cinq dépassent 750, quatre atteignent le millier. »

» A l'autre extrémité s'allonge, de Hautmont à Jeumont, la ligne industrielle de la Sambre ; six communes y dépassent encore la densité de 400. — De la Haute- Deûle à la Haine, la courbe du bassin houiller du Nord est jalonnée de grosses communes parmi lesquelles 30 ont une densité supérieure à 400, tandis qu'au delà, vers l'ouest, Bauvin, Annœullin, Provin dépendent déjà des houillères du Pas-deCalais. »

» **Enfin, la région de Lille est la grande tâche** ; déjà la carte lui donne l'aspect d'une fourmilière humaine. Vingt communes y possèdent plus de mille habitants par unité kilométrique, et celles dont la densité supérieure à 200, est moindre de 400, y paraissent faiblement peuplées ».

Ici l'on saisit pleinement l'effet de la citadinisation, due au groupement autour des ateliers utilisant comme force motrice les sources d'énergie qui commencèrent à être mises en œuvre au cours de ce siècle, et, aussi, l'influence urbanistique des grands marchés commerciaux.

Les deux groupes d'agglomérations urbaines où l'on trouve des densités de mille habitants au kilom. carré, sont celui de la métropole lilloise et celui de son plus grand faubourg maritime : Dunkerque.

La confirmation du fait que c'est bien à ces causes qu'il faut attribuer cette citadinisation, est donnée par l'examen des gains et pertes par commune et par région.

« Au nord, le groupe de Dunkerque a un taux d'accroissement supérieur à 400 %, dans le groupe de Lille, 16 communes quintuplent leur population, dans le bassin houiller, on constate parfois une augmentation de 2.100 à 3.400 % », par contre « la partie purement agricole du pays d'Avesnes, un coin de la Pévèle entre Orchies et Saint-Amand, la lisière de la plaine de la Lys entre Pérenchies et la limite du Pas-de-Calais apparaissent comme **des centres de dépopulation** ».

« Enfin, de la Lys à la lisière de la plaine maritime, presque toutes les communes du Houtland de Cassel se retrouvent à la fin du siècle moins peuplées qu'au début ».

Le phénomène social de la citadinisation continuera-t-il dans le prochain avenir ou son intensité aura-t-elle une tendance à décroître ?

L'emploi de la vapeur comme force motrice avait nécessité le groupement de l'outillage mécanique autour de moteurs fixes et très encombrants. Avec la transmission à distance de l'énergie que permet l'emploi de l'électricité, avec les moteurs à essence qui peuvent avoir une certaine mobilité, permettent le fractionnement de la force motrice en très petites unités, et ne nécessitent pas l'emploi de générateurs encombrants, on peut se demander en effet si cette intensité ne diminuera pas ?

Nous ne croyons pas qu'il faille envisager cette hypothèse, ou tout au moins que sa réalisation diminue de beaucoup la rapidité avec laquelle les agglomérations urbaines métropolitaines continueront à croître, dans le prochain avenir.

Le principal résultat de la possibilité de la diffusion des nouvelles sources d'énergie dans les régions purement rurales ne fera **qu'atténuer**, dans une mesure plus ou moins importante, la crise de main-d'œuvre qui y sévissait déjà depuis un certains temps.

Les petits producteurs industriels travaillant à domicile auront toujours avantage à rester à **bonne portée des marchés,** où se négocieront les produits de leur travail, que sont les agglomérations importantes, dans la banlieue urbaine ou rurale de celles-ci, même s'ils y joignent une exploitation plus ou moins agricole.

En effet, s'ils travaillent à façon à domicile pour un négociant, ils auront intérêt à n'être pas à une distance trop considérable de l'ouvroir de leur employeur ; s'ils cherchent à écouler directement leurs produits sans intermédiaires, le **voisinage** des centres de consommation et d'échange que sont les grandes agglomérations leur sera presque indispensable, en tous cas singulièrement profitable.

Il ne pourrait donc résulter de la diffusion de la force motrice que **l'extension de l'aire des portions de la zone d'influence urbaine que sont les banlieues urbaines et rurales** des grandes agglomérations industrielles ou commerciales.

L'effet de la citadinisation qui en résultera ne ferait alors que s'ajouter à celui de l'accélération des moyens de transport pour **accroître encore** le rayon des cercles décrits autour des quartiers métropolitains de l'agglomération limitant les dites banlieues.

§ II. — L'accélération des moyens de transport.

Avant le XIXe siècle, l'on ne connaissait guère, comme force motrice susceptible d'actionner des moyens de transport que le vent ou les moteurs animés.

Le vent était surtout utilisé pour la traction des transports maritimes, on peut dire que pratiquement, c'étaient le portage ou la traction, par l'homme et les bêtes de somme, qui constituaient les seuls modes de transport terrestre.

C'était donc le **pas** des uns et des autres qui réglait la distance pratique en deçà de laquelle on pouvait entretenir les rapports de voisinage qui forment les liens unissant entre eux les membres de la société naturelle constituant l'être collectif dont le corps matériel est l'agglomération urbaine.

A la fin du XIXe siècle, les chemins de fer à vapeur ou électriques, sur plate-forme spéciale ou sur plate-forme routière, la bicyclette, l'automobile, la motocyclette étaient venus successivement accroître la célérité possible des transports de la différence de vitesse qui existe entre celle que ces modes de transports permettent de réaliser et celle que permettait le pas de l'homme ou des bêtes de somme.

Quel est l'ordre de grandeur de cette différence ?

D'après Hugo Hassinger, la limite naturelle d'une grande ville dépendrait de trois facteurs principaux qui sont : la densité du réseau de communication, le temps de parcours, la dépense qui en résulte. C'est la méthode qui a été employée par M. Bonnier pour déterminer la limite du futur Paris.

Elle conduit à l'établissement de cartes dites « isochrones » indiquant les points de la région suburbaine qu'on peut atteindre dans un temps donné, en partant du quartier d'affaires, centre de l'agglomération, et en employant un transport en commun : omnibus, tramway ou chemin de fer.

A ces trois facteurs, nous en ajouterons volontiers un quatrième, c'est le **degré de mobilité plus ou moins grande des populations suivant** leur **type social.** Il est certain que toutes choses égales d'ailleurs, le sédentaire flamand n'acceptera pas qu'il y ait entre sa résidence et son lieu de travail, atelier ou bureau, une durée de trajet aussi longue que celle qu'admettraient les globe-trotters que sont les Anglais ou les Américains.

Dans son curieux livre « Anticipation », Wells estimait à **une heure** de trajet du quartier métropolitain, la distance limite que peut atteindre une agglomération urbaine : « passé un certain degré d'accroissement, l'encombrement sur l'aire la plus centrale deviendrait trop grand pour que les familles puissent y vivre, une région de bureaux se formera qui sera distincte de la région des foyers familiaux ».

« Au delà de ces deux zones, il se formera une région suburbaine, noyau de maisons habitées par des gens dont les rapports sont intermittents avec ceux de la cité.

» Cette région sera occupée par des centres secondaires, littéraires, sociaux, politiques ou militaires, mais ils resteront toujours en deçà d'une distance précise. C'est la possibilité d'aller et de venir pour accomplir sa tâche journalière qui a déterminé jusqu'ici les limites extrêmes d'extension de la cité, et il a imposé ce compact et toujours déplorable amoncellement.

» D'après un examen minutieux des statistiques, ce voyage quotidien qui a réglementé et réglementera *encore à un degré très important* l'élargissement des villes, a eu et aura toujours une durée de deux heures au plus, une heure pour l'aller du « chez soi » au Conseil d'Administration, au comptoir, à l'atelier ou au bureau, et autant pour le retour !....

» Une agglomération de piétons telle qu'il s'en trouve en Chine et telles qu'étaient la plupart des villes européennes avant le XIXe siècle, s'étendait sur un rayon de 6 kilomètres en partant du centre commercial et industriel.

» Si l'on introduit le cheval dans le problème, ce sera cette fois un rayon de 10 à 12 kilomètres qui déterminera *la surface la plus étendue* sur laquelle les personnes qui se servent d'équipages, de cabs, d'omnibus, pourront séjourner et vivre à l'écart du centre ».

« C'était évidemment la limite absolue de l'accroissement urbain avant que ne furent construits les mécanismes locomoteurs capables de faire plus de 12 kilomètres à l'heure (Londres, 1839). »

« Alors apparurent le chemin de fer et le bateau à vapeur. »

« Fonctionnant comme adjuvants du piéton et du cheval, les chemins de fer suburbains transportèrent *l'homme d'affaire de sa maison à son bureau* avec une vitesse de 15 à 20 kilomètres à l'heure ; la ville prit un contour étoilé dont les bras s'étendaient au long de toutes les lignes utilisables de chemin de fer. »

« Puisqu'il a été démontré qu'une cité de piétons est inexorablement limitée par un rayon de 6 kilomètres, que ce rayon peut être porté à 10 ou 12 kilomètres par l'emploi de la traction chevaline, il s'ensuit forcément que l'aire utilisable d'une ville pourvue **d'un réseau suburbain à bon marché** franchissant 50 kilomètres à l'heure, sera un cercle de 50 kilomètres représentant 4.000 kilomètres carrés. »

Et le prophète Wells (comme il aime à se nommer lui-même), part de là pour prédire qu'en l'an 2.000, « la surface utilisable pour l'équivalent social des **abonnés privilégiés** de nos chemins de fer » se développera sur un rayon de plus de 150 kilomètres et que « Londres, Pétersbourg, Berlin, Paris », dépasseront 20 millions d'habitants, et que probablement New-York, Philadelphie, Chicago, Hankeou » iront jusqu'à 40 millions.

C'est là peut-être voir un peu grand, mais c'est le propre des prophètes ; cependant, chose assez curieuse, les Businessmen Américains semblent admettre des limites analogues.

Voici ce que rapportait, en 1899, il y a plus de vingt ans, le journal l'*Illustration* sur la manière dont ils envisageaient la question :

« Un curieux calcul fait aux Etats-Unis montre quelle importance il faut attribuer pour le développement des villes au perfectionnement des moyens de transports.

» On estime là-bas que les dimensions du « quartier central d'affaires » d'une ville ne doivent pas donner lieu à des courses d'une durée supérieure à une heure.

» Partant du centre de la cité, on décrit un cercle dont le rayon est égal au chemin qui peut être parcouru par un homme en une demi-heure ; cette distance sera de 1 mille 3/4 si cet homme va à pied, elle s'étendra à 3 milles s'il peut faire usage d'un tramway à traction à chevaux, et à 6 milles s'il a à sa disposition un car électrique ; la partie vraiment habitable de la ville au point de vue des affaires sera donc représentée par un cercle de 9,6 milles carrés dans le premier cas, de 20 milles dans le deuxième cas, et 11 milles carrés dans le troisième ».

Un mille étant égal à 1609 m. 314, cela signifierait que le rayon du cercle limitant le « quartier central habitable au point de vue des affaire » serait dans le cas :

D'un homme allant à pied 2 *kilom.* 816 mètres.

D'un homme allant en car électrique 9 kilom. 655 mètres.

Si le quartier métropolitain peut atteindre de telles dimensions, quelles seront donc les limites de la zone habitable comme résidence ? En la limitant comme Wells à un trajet d'une heure, ce serait des cercles dont les rayons auraient :

Dans le cas de l'homme allant à pied, 5 kilom. 632 m., ce qui est bien près des 6 kilom. de Wells ; dans le cas du tramway électrique, 19 kilom. 310 m., ce qui est proche des 20 kilom. de Wells par le chemin de fer suburbain.

Il semble, étant donnée la vitesse *commerciale réalisable actuellement* par les moyens de transports en commun perfectionnés, qu'on ne sort pas du domaine de la vérité pratique en admettant cette limite d'un cercle de 20 kilomètres de rayon autour du foyer du quartier métropolitain comme étant celle **maximum** que peut atteindre la zone des banlieues dont l'urbanisation est en cours ou éventuellement possible c'est-à-dire en somme les limites des zones de la banlieue urbaine et de la banlieue rurale.

Mais hâtons-nous d'ajouter que, pour qu'il en soit ainsi, il faut que l'agglomération dont il s'agit soit une de ces villes *qui ne sont pas seulement* métropoles régionales, mais aussi métropoles nationales ou mondiales.

Ce n'est en effet que dans ces très grandes agglomérations que la durée du parcours d'*une heure* de la résidence au lieu de travail est acceptable, parce qu'alors le repas du milieu de la journée se prend à peu près obligatoirement, à **proximité du lieu de travail** et qu'on ne retourne pas pour le prendre au lieu d'habitation.

Comme le temps généralement laissé pour cette restauration méridienne est de deux heures, qu'il faut en compter une environ pour l'absorption de celle-ci, il reste une heure pour effectuer l'aller et le retour, ce qui met la limite de l'urbanisation possible dans ce cas aux environs de 10 kilomètres du foyer animateur.

C'est cette limite qu'il y a lieu, selon nous, d'adopter pour les métropoles régionales avec les moyens de transports en commun actuellement possibles dans celles-ci, en France tout au moins.

Quant à la limite de 50 kilom. indiquée par Wells, ce n'est pas celle de l'urbanisation possible de l'agglomération même, mais à peu près celle de ce que nous avons appelé la grande banlieue, c'est-à-dire de la zone où une urbanisation

sporadique peut se produire, grâce à l'influence de la grande agglomération voisine, sous forme d'agglomérations satellitaires s'établissant auprès des points d'arrêt d'une voie ferrée à plate-forme indépendante du système routier, permettant d'atteindre cette vitesse commerciale de 50 kilom. à l'heure qui représente une vitesse effective beaucoup plus considérable.

En effet, pour que la durée du trajet du lieu de résidence au lieu de travail **ne soit réellement que d'une heure,** il faut que le moyen de transport en commun employé marche à une vitesse à l'heure beaucoup plus considérable.

Au temps de parcours par ce mode de locomotion, il faut, en fait, ajouter le temps nécessaire pour effectuer : 1° le parcours du lieu de résidence au point d'embarquement sur la ligne de transport ; 2° celui pour le parcours du point de débarquement au lieu de travail.

Il intervient en outre la question de dépense, la vitesse en effet **coûte cher,** toutes choses égales d'ailleurs. Ce n'est donc, comme le dit Wells, que les « abonnés privilégiés » des chemins de fer, autrement dit, une classe relativement aisée de la collectivité sociale pouvant payer un prix de transport relativement élevé, ou posséder un moyen de transport coûteux, automobile par exemple, qui pourra se permettre d'établir sa résidence dans un rayon d'une cinquantaine de kilomètres du foyer animateur de l'agglomération.

Dans la zone comprise entre le rayon d'urbanisation de 10 ou 20 kilomètres et celui de 50 kilomètres ne s'établiront guère que des colonies estivales ou des quartiers de résidence de luxe qui seront loin de couvrir toute l'aire de cette zone.

Cette zone de grande banlieue aura-t-elle en l'an 2.000, comme le suppose Wells, un rayon de 150 kilom. Quand on voit la vitesse des aéroplanes, c'est une éventualité qu'il n'est pas absolument déraisonnable d'envisager, mais si elle se produisait, la grande banlieue finirait par se confondre avec la région.

Tel est en effet l'aboutissement possible des phénomènes d'attraction urbaine que peut produire une agglomération métropolitaine. Mais nous n'avons pas comme Wells, à «anticiper», mais bien à examiner seulement le présent ou l'avenir assez immédiat.

A nous tenir sur ce terrain, nous croyons donc qu'on peut admettre les cercles d'un rayon de 20 kilom. pour les très grosses métropoles mondiales, d'un rayon de 10 kilom. pour les métropoles régionales du genre de Lille comme constituant la limite **maxima** de la zone d'urbanisation éventuelle de ces agglomérations urbaines, si les causes ayant amené le phénomène de « citadinisation » de la population nationale continuent à agir avec une égale ou croissante intensité.

Comme nous l'avons dit, tout fait présumer que, sauf catastrophe économique ou sociale, il en sera ainsi.

Mais cette limite maxima ne sera pas nécessairement atteinte **rapidement** dans chaque agglomération considérée. Il y en aura peut-être où elle ne sera jamais atteinte.

En effet, différents facteurs interviennent en sens contraire pour avancer ou retarder le moment où l'urbanisation éventuelle de la zone ainsi délimitée se transforme en urbanisation effective.

Un facteur de retard est le **prix trop élevé par rapport au salaire journalier du coût des transports en commun** C'est la vitesse commerciale des transports en commun qui règle pratiquement l'extension possible ; celle-ci dépendra donc de celle que sauront réaliser les entreprises de transports en commun, desservant l'agglomération considérée et du prix de revient kilométrique de ces transports.

L'accélération de la vitesse augmente ce prix de revient, toutes autres choses égales d'ailleurs. Il peut donc arriver que dans certaines conditions d'exploitation, on ne puisse parvenir à un prix de vente tel, par rapport aux facultés de la clientèle que l'effet complet d'extension urbaine puisse se produire : celle-ci restera alors **en deçà** de la limite maxima possible.

§ III. — La saturation des quartiers centraux.

Par contre, ce qui augmente et avance le moment de l'urbanisation des banlieues c'est le phénomène de **saturation** qui se produit dans les quartiers les plus centraux, qui fait que ceux-ci ne voient plus leur population que croître lentement, rester stationnaire, et même souvent diminuer, tandis que les parties de l'agglomération en voie d'urbanisation connaissent des accroissements de population considérables d'un recensement à l'autre.

Ainsi, l'agglomération Londonienne de 1901 à 1911 avait passé de 6.581.402 habitants à 7.252.963, soit une augmentation générale de 10.20 %.

Mais il en était ainsi parce que la population de l'Outer-Ring (zone en voie d'urbanisation) s'était élevée de 2.045.135 habitants à 2.730.000 soit une augmentation de 33.50 % par contre, la population du comté administratif de Londres était descendue de 4.536.267 à 4.522.961 ; la population de la Cité, de 26.923, à 19.657.

C'est, on le voit, dans la zone d'urbanisation en cours ou éventuelle que s'est produite **toute** l'augmentation de population due à la citadinisation ; mais elle n'a pas été seule à produire cet accroissement.

Grâce à l'accélération des moyens de transports, il y a eu également décongestion ou plus exactement **diminution de la sursaturation** des quartiers centraux.

Ils se transforment de plus en plus en **quartiers d'affaires.** Pour la « Cité » de Londres, c'est-à-dire cette portion de l'agglomération londienne qui a une administration distincte du surplus de celle-ci constituée par le Comté administratif et l'Outer-Ring, des chiffres certains ont été relevés par des enquêtes faites à 20 ans d'intervalle. En 1891, on avait trouvé à l'heure des affaires, 301.384 habitants dans ce quartier métropolitain, quant au nombre des domiciliés, il était, à cette époque, de 37.702.

En 1911, on a trouvé 364.000 personnes séjournant à l'heure des affaires et seulement 19.657 domiciliées.

A Paris, on estime que le nombre des domiciliés dans les quartiers d'affaires aurait diminué au cours d'une période semblable d'environ 2/5, mais il n'a pas été fait de relevé certain.

Nous verrons, en examinant le cas de l'agglomération lilloise, que des phénomènes analogues y ont eu lieu.

La conclusion à tirer de tout ceci, c'est que **c'est surtout pour cette portion de l'agglomération en voie d'urbanisation ou urbanisable éventuellement constituée par les banlieues, qu'il faut étudier un bon plan d'extension et d'aménagement si l'on veut faire œuvre véritablement utile.**

En effet, il est généralement très difficile et très coûteux de remédier aux défauts de la partie déjà urbanisée. En tous cas ces remaniements ou aménagements, sauf exception, comme dans le cas actuel de la Ville de Lille par suite de la suppression de l'enceinte fortifiée **n'augmente pas l'espace utilisable** pour trouver de nouvelles demeures à l'afflux de population nouvelle qu'amène le phénomène de citadinisation de la population nationale.

Au contraire, **elle en supprime souvent, par suite de la nécessité d'augmenter la largeur des grandes artères de circulation, de dégager des carrefours trop encombrés, de supprimer des quartiers insalubres.** L'augmentation de surface habitable ne peut se trouver dès lors qu'en hauteur par édification d'immeubles comportant un plus grand nombre d'étages. Ce qui n'est pas une solution hygiéniquement satisfaisante.

Aussi, beaucoup d'hygiénistes suggèrent-ils l'idée d'établir assez loin dans la région rurale des « cités satellites », où l'on pourra concevoir **d'un seul jet** et réaliser un plan d'ensemble hygiéniquement parfait, qu'on relierait à l'agglomération principale par des voies accélérées de transports en commun. Telle est la conception de Howard.

C'est évidemment une solution apparemment très élégante, mais qui, en fait, ne résoud pas le **problème urbanistique de l'extension des agglomérations.**

Si ces créations se font **en dehors** des zones d'urbanisation naturelle et spontanée en cours ou éventuelle, elles ne seront utilisables que par une catégorie d'habitants **disposant d'assez de temps ou pouvant payer un prix de transport suffisamment élevé** pour s'éloigner ainsi de leur atelier de travail dans la zone de grande banlieue.

En tous cas, elles **n'empêcheront pas qu'il soit nécessaire d'étudier et de réaliser un plan d'ensemble pour les zones d'urbanisation spontanée,** en cours ou éventuelle, si l'on veut que celle-ci se fasse de façon convenable.

Si elles se font à l'intérieur des dites zones, ce n'est qu'apporter une solution partielle au véritable problème de l'aménagement et de l'extension car la solution intégrale comporte un plan englobant, tout au moins progressivement, la **totalité** de la zone ou à tout le moins **toute la zone de banlieue urbaine,** et **aussi pour faire acte de prévoyance, une portion notable de la zone** de **banlieue rurale.**

Car, qu'on le veuille ou non, **c'est dans ces zones que se porteront, malgré toutes les interdictions,** la masse des nouveaux habitants amenés par la **« citadinisation »** et des anciens refoulés à la périphérie par la **décongestion** des quartiers centraux.

En veut-on une preuve ? Avant la Révolution, l'autorité royale s'inquiétant de la grandeur immense « que la ville de Paris pourrait atteindre et qu'elle n'éprouve le sort des villes de l'antiquité qui ont succombé sous leur propre poids », cherche à borner l'étendue de Paris. Henri II, Louis XIII, Louis XIV, formulèrent successivement des déclarations royales à ce sujet, Louis XV les renouvela par déclaration au 18 juillet 1724.

Craignant que « les principaux habitants allant s'établir dans l'extrémité des faubourgs n'attirent par leur exemple et leur suite un grand nombre de gens qui multiplieraient les maisons des faubourgs pendant que le milieu de la ville se trouverait à la fin désert et abandonné », il fit diviser Paris en deux parties : la ville et les faubourgs.

Dans la ville, il fut toujours permis de bâtir sur des emplacements faisant face à des rues ouvertes.

Les faubourgs furent bornés à la dernière maison de chaque rue, mais avec la **défense d'y construire aucun bâtiment considérable.**

Pour assurer la réalisation de cet arrêt, on recensa les bâtiments à porte cochère déjà édifiés dans les faubourgs, on fit également le recensement du toisé des terrains et bâtiments existants, on posa des bornes marquant les limites au delà desquelles il n'était plus permis de bâtir, etc... Les sanctions arrêtées furent sévères ; 3.000 livres d'amende, démolition des maisons indûment construites, confiscation des matériaux et des terrains.

Ce qui en advint ? Les dimensions de l'agglomération actuelle parisienne répondent de façon suffisamment éloquente.

On n'empêchera donc pas **l'urbanisation progressive** spontanée autour du corps actuel d'une agglomération urbaine, s'il y a des causes naturelles d'accroissement de la population de celle-ci par des **interdictions** ou des **créations artificielles plus éloignées.**

La vraie question est de **diriger** cette urbanisation par un plan d'extension à vues **suffisamment larges** pour répondre constamment à **l'intensité** du phénomène qui se produit spontanément afin d'en régler les effets.

CHAPITRE II.

DÉTERMINATION DE L'ÉTENDUE ACTUELLE ET FUTURE DE L'AGGLOMÉRATION LILLOISE

L'agglomération lilloise étant une métropole régionale, on peut admettre que la limite périphérique de sa banlieue rurale est un cercle d'une dizaine de kilomètres de rayon, décrit autour du premier foyer de son quartier métropolitain qu'est la Grand'place.

Que représente un tel cercle sur la carte ?

Il passe à l'ouest de l'agglomération de **Quesnoy**, coupe la route de *Menin*, au lieu dit, **le Mont**, passe aux environs de **Tourcoing-les-Francs**, coupe la **place de Roubaix**, passe au **Petit Lannoy**, à l'est des agglomérations bâties **d'Hem, Forest, Tressin, Anstaing, Sainghin**, au nord de celles de **Péronne** et de **Fretin**, au sud de celle **d'Ennetières** (en Mélantois), coupe la place de **Seclin**, longe le canal de **Seclin** jusqu'au confluent de celui-ci avec la Deûle, la **voie ferrée de Wavrin à Armentières** jusqu'au lieu dit **Les trois Fétus**, à l'ouest **d'Ennetières-en-Weppes**, coupe la route d'Armentières à **Wez-Macquart**, et rejoint la Deûle à l'**ouest de Quesnoy** au pont du chemin de fer de la ligne de Comines.

C'est là, hâtons-nous de le dire, une zone maxima, puisqu'elle comprend la banlieue rurale dont, par définition, l'urbanisation totale **n'est qu'éventuelle. Qu'une telle éventualité puisse pourtant se réaliser** pour une partie, même éloignée, de cette banlieue rurale, la meilleure preuve en est que nous y trouvons **une portion** importante de l'agglomération satellitaire qu'est celle de Roubaix-Tourcoing, par rapport à celle de Lille. Ce satellite, par son importance, pose même **un problème** curieux que nous examinerons par la suite.

Prenant maintenant une autre méthode, examinons, sans nous inquiéter de la distance plus ou moins grande du foyer animateur de l'agglomération, quelles sont les communes qui font déjà partie à un titre quelconque de l'agglomération lilloise par la contiguïté de leurs surfaces bâties avec celles de la commune de Lille ou pour d'autres motifs.

Dans un premier tableau (A), nous comprendrons la commune de Lille et les communes voisines, déjà urbanisées ou en voie d'urbanisation, et celles qui, par leur enclavement avec le territoire desdites communes, peuvent être considérées comme rentrant au moins pour partie, dans la banlieue urbaine.

AGGLOMÉRATION LILLOISE

Tableau A

1° Communes des cantons de Lille

CANTON DE	COMMUNE DE	Superficie en hectares	Distance de la Grande-Place de Lille	Distance du chef-lieu de canton	Nombre d'habitants — Recensement de 1911	Nombre d'habitants — Recensement antérieur	% d'augmentation	IMMEUBLES — total en 1914	IMMEUBLES — détruits partiellement	IMMEUBLES — détruits totalement	IMMEUBLES — % de destruction	Motifs pour lesquels la commune tombe sous le coup de la loi du 14 mars 1919.
Lille-Centre..	Lille...........	2.110	»		33.820	33.215	—	—	—	—	—	Plus de 10.000 habitants.
Lille-Est.....	Lille...........	»	»		25.654	23.555	—	—	—	—	—	—
	Hellemmes-Lille..	330	4		12.231	10.971	—	?	?	?	?	Plus de 10.000 habitants.
Lille-Nord ...	Lille...........	»	»		14.887	15.464	—	—	—	—	—	—
	La Madeleine....	285	2		15.699	13.522	—	?	?	?	?	Plus de 10.000 habitants.
Lille-Nord-E..	Lille...........	»	»		30.738	27.938	—	—	—	—	—	—
	Mons-en-Barœul..	287	3		5.949	5.059	17	530	15	1	10	Plus de 10% d'aug. de la pop.
	Lille...........	»	»		11.941	11.685	—	—	—	—	—	—
	Lambersart.....	629	3		9.326	7.984	16.9	2.195	516	20	24	id. id.
Lille-Ouest...	Saint-André-Lille.	315	4		5.050	4.040	25	—	—	—	55	—
	Marquette.......	486	6		5.610	5.477	2.3	1.163	408	16	36	Destruction part. importante.
	Wambrechies....	1.547	7		4.602	4.634	diminut.	1.049	262	75	34	id. id.
Lille-Sud	Lille...........	»	»		44.994	43.219	—	—	—	—	—	—
	Lille...........	»	»		14.631	14.262	—	—	—	—	—	—
Lille-Sud-Est..	Faches.........	462	5		6.088	5.497	10	?	?	?	?	—
	Lezennes.......	214	5		2.030	1.936	4.6	530	42	12	10	—
	Ronchin........	542	6		5.561	4.785	12	1.400	60	80	50	Plus de 10% d'aug. de la pop.
Lille-Sud-O ..	Lille...........	»	»		41.142	36.254	—	—	—	—	—	—
Totaux des cantons de Lille..		7.207			289.953	269.497						

2° Communes dépendant d'autres cantons que ceux de Lille

CANTON DE	COMMUNE DE	Superficie en hectares	Distance de la Grande-Place de Lille	Distance du chef-lieu de canton	Recensement de 1911	Recensement antérieur	% d'augmentation	total en 1914	détruits partiellement	détruits totalement	% de destruction	Motifs
Tourcoing-S..	Marcq-en-Barœul.	1.404	6		12.149	11.520	—	?	?	?	?	Plus de 10.000 habitants.
	Loos...........	754	5		11.468	10.640	—	?	?	?	?	id. id.
	Lomme.........	931	7		10.761	9.152	2	2.997	917	117	36	id. id.
Haubourdin..	Sequedin.......	405	7		923	894	3.3	221	17	13	14	—
	Haubourdin.....	528	7		9.396	8.828	6.4	2.400	222	45	11	Destruction part. importante.
	Emmerin.......	491	10		1.626	1.684	Dim.	405	87	24	24	id. id.
Totaux des autres cantons....		4.513			46.323	42.718						
17 communes. Total général..		11.720			336.276	312.215						

AGGLOMÉRATION LILLOISE

Tableau B

CANTON DE	COMMUNE DE	Superficie en hectares	Distance de la Grande Place de Lille	Distance du chef-lieu de canton	Nombre d'habitants		% d'augmentation	IMMEUBLES				Motifs pour lesquels la commune tombe sous le coup de la loi du 14 mars 1919.
					Recensement de 1911	Recensement antérieur		total en 1914	détruits partiellement	détruits totalement	% de destruction	
1° Communes dont le territoire forme exclusivement la banlieue rurale ou semi-rurale de l'agglomération lilloise												
Haubourdin..	Santes..........	757	10	3	2478	2472		670	370	300	100	Destruction presque totale.
	Hallennes-l-Haub.	435	9	3	1097	1146	Dim.	279	241	29	100	» » »
	Ennetières-en-W.	1044	10	4	1601	1656		470	2	483	100	» » »
	Englos..........	135	9	2	474	468		120	60	40	100	» » »
Armentières..	Capinghem	185	8	8	353	357		?	?	?	100	» » »
	Prémesques, ...	506	9	7	1196	1276	Dim.	?	?	?	100	» » »
Quesnoy-s/-Deûle..	Lompret	310	8	6	769	739	Dim.	166	19	52	43	Importante destruction part.
	Pérenchies	303	8	6	4207	3948		?	?	?	100	Destruction totale.
	Verlinghem	1008	8	4	1533	1563	Dim.	350	20	300	100	» »
	Quesnoy-s-Deûle.	1436	11	0	5124	5045		1172	56	1126	100	» »
Lannoy	Annappes	1153	7	6	3026	2958		?	?	?	?	
	Ascq...........	668	8	8	2843	2671		?	?	?	?	
Seclin.......	Lesquin	851	7	8	2112	1925		?	?	?	?	
	Vendeville	257	8	5	464	464		?	?	?	?	
	Templemars.....	461	8	4	1305	1246		338	173	6	53	Importante destruction part.
	Wattignies......	631	7	5	3116	2846	7.1	?	?	?	?	
Totaux de la banlieue exclusivement lilloise..........		10.140			31.635	30.750						
2° Communes dont le territoire forme pour partie la banlieue rurale ou semi-rurale de l'agglomération lilloise et pour une autre partie celle d'autres agglomérations urbaines												
a) Roubaix-Tourcoing :												
Tourcoing-S..	Bondues........	1304	8	7	3311	3113	4.5					
Roubaix-O...	Wasquehal......	686	8	5	7041	6703	8					
Lannoy-O....	Flers...........	925	6	8	5004	4600	8					
b) Seclin :												
Seclin.......	Noyelles-l-Seclin	238	9	4	267	271	Dim.					
	Houplin	648	11	4	1997	1925						
		3.801			17.590	16.612						

Dans un autre tableau (B), nous comprendrons les communes formant autour de celles du premier tableau une ceinture de territoire encore intégralement ou en majorité rural. C'est ce territoire que nous considérerons comme la banlieue rurale de l'agglomération lilloise, quoique là encore, le phénomène particulier au site lillois, déjà mentionné, fasse de la portion de ce territoire comprise dans l'agglomération Roubaix-Tourcoing, une surface en réalité déjà urbanisée.

Cela fait un total pour le tableau :

A) 17 communes comprenant	336.276 hab. et	11.723 ha. de superficie en 1913.	
B) 21 communes comprenant	48.980 hab. et	13.926 ha. de superficie en 1913.	
Total.. 38	385.256	25.649	

Tel est le groupe de communes que nous estimons faire déjà partie, pour la totalité ou pour une portion de leur territoire communal, de la zone des banlieues de l'être *collectif qu'est l'agglomération lilloise* ; *non comprise* bien entendu, la zone d'influence urbanistique plus diluée qu'est la grande banlieue. A cette *dernière, on pourrait assigner comme limite* **minima,** celle de l'arrondissement de Lille. Nous ne nous en inquiéterons qu'occasionnellement, car elle n'a qu'un intérêt relatif au point de vue du plan d'extension.

C'est à l'intérieur de cette limite périphérique de la zone de banlieue rurale qu'il convient de tracer celle de ce plan, de manière que, la plupart du temps, il reste une certaine marge entre l'une et l'autre.

Est-ce voir trop grand ? Nous ferons remarquer qu'en agissant ainsi, nous n'englobons même pas dans la banlieue rurale de l'agglomération lilloise ce qu'en Amérique on considère comme les « limites possibles du **quartier central des affaires** » d'une grande métropole équivalente à nos métropoles nationales.

Qu'en tous cas, sur les 17 communes du tableau A que nous estimons constituer le corps urbain et la banlieue urbaine de l'agglomération lilloise, 15 ont déjà plus de 2.000 habitants et sont donc des **villes** au regard de la statistique démographique officielle française, que 14 d'entre elles doivent, soit parce que leur population a augmenté entre deux recensements consécutifs de plus de 10 %, soit parce qu'elles sont totalement ou partiellement détruites, établir de toute manière, pour répondre aux prescriptions de la loi du 14 mars 1919, un plan d'extension et d'aménagement.

Sur les 21 communes du tableau B, deux sont déjà des villes au regard des statistiques officielles françaises et 11 au moins ont été partiellement ou totalement détruites et doivent dès lors étudier un plan d'aménagement et d'extension.

De plus, on peut invoquer les motifs particuliers suivants :

1° Pour ce qui est des communes faisant partie du 1er groupe du tableau A ;

Toutes ces communes, dont la plupart sont les voisines immédiates de celles de Lille ne forment avec celle-ci **qu'une agglomération sans solution de continuité** entre les blocs de constructions dont elles sont composées et ceux de cette ville on de la commune contiguë à celle-ci qui l'est également à *leur territoire*. Exception faite, bien entendu, des endroits où l'existence de la zone militaire a empêché jusqu'à ce jour cette *contiguïté. Ou bien ces communes, par la pointe que forme leur territoire* dans celui de Lille ou des communes reliées à Lille dans les conditions ci-dessus, constituent, dans l'ensemble, des **enclaves** qu'il faut de toute nécessité faire disparaître. Seule la commune de Wambrechies n'est pas dans l'un de ces cas, mais sa situation en aval sur la Deûle qui en fera l'aboutissement naturel du réseau d'égouts de l'agglomération lilloise, le lieu où devront être épurées les eaux usées avant d'être restituées à la Deûle, milite en faveur de son rattachement au reste de celle-ci.

2° A ces communes dont l'union administrative avec Lille est déjà ébauchée par leur rattachement à l'une des circonscriptions judiciaires et électorales de cette ville, il y a lieu d'ajouter :

A) La commune de Marcq-en-Barœul, qui dépend du canton de Tourcoing-Sud (12.149 habitants, distance de Lille, 6 kilomètres).

En effet, le territoire de cette commune est contigu au territoire municipal de Lille et forme entre celui-ci et celui de La Madeleine des enclaves des plus gênantes (1).

De plus, les blocs d'immeubles bâtis des sections du Pont-de-Marcq et de Rouges-Barres n'offrent pas de solution de continuité avec les agglomérations bâties de La Madeleine, de Marquette ou de Lille. Son centre enfin est situé dans le rayon moyen de 6 à 7 kilomètres que décrivent autour du centre de Lille les communes précédentes.

B) Les communes suivantes du canton d'Haubourdin : Loos, Lomme, Sequedin, Haubourdin, Emmerin.

Pour les deux premières, la soudure, sans solution de continuité de leurs constructions avec celles de la ville de Lille dont le territoire est contigu au leur, démontre suffisamment la nécessité du rattachement intégral à l'agglomération urbaine sans qu'il soit nécessaire d'insister.

Quant à celle de Sequedin, son territoire forme le long de la Deûle, entre les deux communes de Lomme et d'Haubourdin, une enclave qui ne saurait subsister et qui s'avance à moins d'un kilomètre à vol d'oiseau de l'enceinte actuelle de Lille. En outre, il faudra toujours emprunter ce territoire pour continuer les agencements industriels, déjà effectués dans les territoires des communes de Lomme et d'Haubourdin sur les bords de cette rivière.

Il est du reste en grande partie compris à l'intérieur de la boucle de voies ferrées qui forment une ceinture autour de l'agglomération lilloise.

Ce qui vient d'être dit pour Sequedin peut être répété pour Haubourdin qui, en outre, ne forme avec la commune voisine de Loos, qu'une seule agglomération bâtie Comme il en est de même en ce qui concerne Lille et cette dernière, il s'ensuit que, du centre de Lille au centre d'Haubourdin, il n'existe en réalité **qu'une seule et même agglomération bâtie** s'étendant parallèlement à la Deûle le long de la route nationale n° 41 de Lille à Béthune.

Enfin, sa situation sur le cours de la Deûle, en amont de l'agglomération lilloise, et la manière plus ou moins conforme à l'hygiène ou à la salubrité publique dont ses usines utiliseront ce cours d'eau, imposent la nécessité de la fusion de cette commune dans l'agglomération lilloise agrandie que justifie du reste également la dépendance économique dans laquelle se trouvent ces usines par rapport à ce centre industriel et commercial.

---

(1) Exemple : Le boulevard Lille-Roubaix-Tourcoing passe successivement sur les territoires de Lille, La Madeleine, Marcq-en-Barœul, de nouveau de Lille, puis de Marcq-en-Barœul, son tracé est pourtant direct.

Pour ce qui est d'Emmerin, ce sont surtout des raisons hygiéniques qui militent en faveur de son annexion.

C'est en effet sur le territoire de cette commune que se trouvent les installations de captation d'eau potable servant à l'alimentation de la ville de Lille, et il est indispensable, on l'a vu par la dernière épidémie de tiphoïde, que celle-ci puisse avoir la haute main sur tout ce qui se passe sur ce territoire afin d'éviter toute cause de contamination de cette eau.

3° Quant aux communes du tableau B : C'est parce qu'elles font certainement partie de la zone de banlieue rurale que nous les avons englobées dans l'agglomération lilloise afin que celle-ci puisse, le moment venu, contrôler efficacement la manière dont s'effectuera leur urbanisation. Certaines portions de territoire de quelques-unes d'entre elles sont déjà si proches de celui dont l'urbanisation est en cours qu'il est à présumer qu'elles ne seront plus longtemps sans participer au mouvement.

Il était nécessaire du reste, pour organiser l'urbanisation des précédentes, de passer sur, ou fort à proximité de leur territoire ; nouveau motif, à défaut de leur distance kilométrique du quartier métropolitain, pour les comprendre dans la banlieue rurale.

Ce qui invite du reste à voir large, c'est l'intensité avec laquelle au cours du XIX° siècle ont agi, sur les communes formant au début de celui-ci, la banlieue de l'agglomération lilloise, les doubles phénomènes sociaux de la citadinisation et de la tendance à la diminution de degré de saturation du quartier métropolitain de cette agglomération.

Nous allons examiner, à l'aide du travail de M. Blanchard, déjà cité, ces différents phénomènes et voir quelle a été la croissance pendant ce laps de temps, de l'agglomération lilloise telle qu'il l'avait comprise. La composition qu'il a donnée à celle-ci n'est pas tout à fait identique à celle que nous venons d'indiquer. Cela ne doit pas surprendre, car le problème qu'il étudiait n'était pas semblable en tous points à celui que nous cherchons à résoudre. Nous trouverons cependant là d'intéressants éléments de comparaison.

Il considère comme faisant partie du groupe de communes constituant l'agglomération lilloise, celles de : Lille, Loos, Haubourdin, Lomme, Lambersart, St-André, Marquette, La Madeleine, Mons-en-Barœul, Hellemmes, Lezennes, Ronchin, Faches. Il comprend donc la totalité de notre tableau A moins les communes de Wambrechies, Marcq-en-Barœul, Sequedin, Emmerin, que nous avons été forcé d'y comprendre pour des raisons d'hygiène ou d'enclavement de territoire.

L'agglomération lilloise, telle qu'il l'a comprise dans son travail, partie d'une population de 78.155 habitants en 1804 était arrivée à une population de 287.941 en 1906. Depuis elle a atteint au dernier recensement d'avant-guerre, 316.976 habitants. M. Blanchard constate que « l'augmentation (du groupe de Lille) est d'abord plus lente qu'à Roubaix ; elle est de 58 % jusqu'en 1851, mais elle dépasse déjà 100 % en 1861, la courbe à partir de 1861 est presque droite, elle monte sans dévier. On n'y remarque aucun de ces fléchissements qui accidentent celle d'Armentières et même celle de Roubaix-Tourcoing, les transformations économiques ne paraissent pas marquer... Le gain moyen reste à peu près de 3.000 habitants par an.

Peut-être la diversité des industries représentées dans l'agglomération est-elle la cause de cette régularité dans l'accroissement, le régime (économique) qui fait du tort à l'une, favorise l'autre, et l'équilibre se trouve ainsi rétabli. **Il n'en est pas de**

Planche VI. — ZONES D'INFLUENCES URBANISTIQUES.

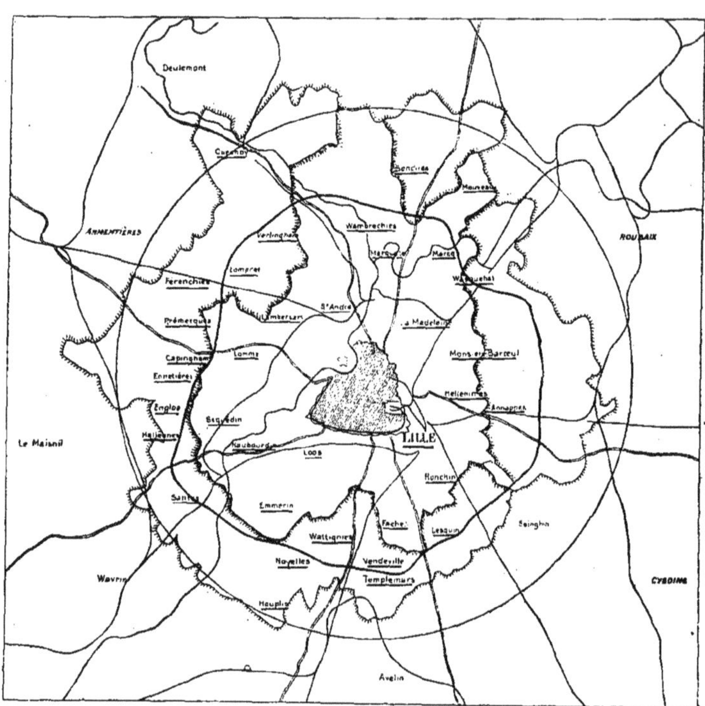

Limite phériphérique de la banlieue urbaine.

Limite périphérique de la banlieue rurale.

Limite de la zone éventuelle d'urbanisation.

Limite du plan d'extension étudié.

même quand on considère la seule commune de Lille ; l'augmentation y est moins forte et moins rapide dans l'ensemble ; si la ville, comme l'agglomération, se trouvent doublées en 1861, ce n'est qu'en 1891 que le chiffre d'habitants se trouve triplé, et le gain total n'est que de 214 % ; d'autre part, on y observe comme dans la ville de Roubaix et le groupe d'Armentières un fléchissement sensible après 1896 (5.580 habitants). Ainsi comme à Roubaix (ville), comme à Armentières (ville), c'est l'accroissement constant de la population du groupe qui corrige les fléchissements du chef-lieu et il est probable que c'est dans leurs faubourgs qu'il faudrait rechercher les habitants disparus des grandes villes. »

Examinant ensuite la dernière décade du XIXe siècle, il remarque qu'à Lille (ville) « les accroissements du milieu du siècle y avaient été plus considérables qu'à Roubaix : 31.000 habitants de 1851 à 1861 ; 27.000, de 1861 à 1872 ; 20.000 de 1872 à 1881 ; 23.000, de 1881 à 1891 ; même le plus gros chiffre 16.000 en 5 ans fut atteint de 1891 à 1896. Brusquement se produit en 1901 un retour en arrière assez prononcé pour faire diminuer la population de 6.000 personnes. Et ainsi l'excédent de 1901 sur 1891 est ramené à 10.000 environ, pas même 8 %. C'est le taux d'une commune rurale de Flandre. Où sont partis les habitants perdus par Lille, par Roubaix et ceux qui ont quitté Armentières à la même époque ? Evidemment ils ne sont pas retournés dans les campagnes qui continuent à décroître. C'est donc dans le voisinage, dans la banlieue industrielle des grandes villes qu'il faut aller les chercher ».

C'est là, en effet, le phénomène le plus curieux de ceux qu'indique la carte que cette croissance des communes d'importance moindre placées aux abords des très grandes villes. »

Pour ce qui est du groupe de Lille, « la ville augmente faiblement, diminue même, mais les communes surburbaines croissent à l'envie. On en voyait déjà la preuve dans ce fait que le groupe tout entier (la ville comprise) conservait de 1891 à 1901 son mouvement d'ascension, tandis que la ville, prise à part, fléchissait. Il se trouve en effet que toutes les communes dont le territoire touche à celui de Lille présentent des augmentations d'au moins 20 %, certaines dépassent 60 %. C'est 20 % à Loos, 27 pour La Madeleine, 34 à Ronchin, 35 à Lomme, 37 à Faches, 39 à Saint-André, 49 à Mons-en-Barœul, 68 à Lambersart, 72 à Hellemmes. Comme pour la banlieue de Roubaix, mais à un degré beaucoup plus élevé, c'est dans cette dernière période décennale que le taux d'augmentation a été le plus élevé du siècle : 39 % dans l'ensemble. Le plus remarquable est assurément à Lambersart, 68 %, commune à demi-rurale encore privée d'industrie et accrue par la seule émigration des citadins fuyant les loyers chers et en quête de grand air... Ainsi le mouvement de population dans les dernières années du siècle indique une tendance des habitants à déserter les grandes agglomérations pour s'établir à proximité dans les communes rurales devenues faubourgs... Le mouvement ne fait que commencer parce que partout l'établissement des moyens de transports rapides fréquents et économiques est à son début ».

En effet, c'était la période où débatait l'électrification des tramways ; nous pouvons maintenant voir ce qu'il en était advenu pendant la période 1901-1911.

L'ensemble de l'agglomération telle que l'avait comprise M. Blanchard, était passée de 78.155 habitants en 1804, et 287.941 en 1901 (soit un accroissement de 183 %), à 316.976 en 1911 (soit un accroissement de 211 % sur 1804 et de 10. 8 sur 1901) le tableau suivant donne le détail de chaque commune.

TABLEAU C

1° Agglomération lilloise, d'après M. Blanchard

COMMUNES	Habitants 1911	Habitants 1901	% d'accroiss. ou de diminution	Superficie cadastrale (hectares)	Densité en 1911	
					à l'hectare	au km. 2
Lille	217.807	210.696	+ 3.4	2.110	103	10.320
Loos	11.468	9.513	+ 10.5	754	15	1.530
Haubourdin	9.396	8.485	+ 10.8	528	17	1.780
Lomme	10.761	7.065	+ 52.8	931	11	1.150
Lambersart	9.326	6.804	+ 37	629	14	1.480
Saint-André	5.050	3.509	+ 44.3	315	16	1.600
Marquette	5.610	5.005	+ 12.1	486	11	1.150
La Madeleine	15.699	12.359	+ 27.1	285	54	5.470
Mons-en-Barœul	5.949	4.226	+ 41	287	20	2.060
Hellemmes	12.231	9.329	+ 31	330	37	3.700
Lezennes	2.030	2.033	+	214	9	950
Ronchin	5.561	4.245	+ 31.3	542	10	1.020
Faches	6.088	4.672	+ 30.7	462	13	1.310
	316.976	287.941	10.8	7.873	40.2	4.029

2° Communes du tableau A non comprises dans l'agglomération d'après M. Blanchard

COMMUNES	Habitants 1911	Habitants 1901	% d'accroiss. ou de diminution	Superficie cadastrale (hectares)	à l'hectare	au km. 2
Wambrechies	4.602	4.914	— 6.3	1.547	2	290
Marcq-en-Barœul	12.149	11.142	+ 9	1.104	8	860
Sequedin	923	865	+ 7.2	405	2	220
Emmerin	1.626	1.666	— 2.5	491	3	330
	336.276	306.528	9.7	11.720	28.68	2.868

3° Communes du tableau B

COMMUNES	Habitants 1911	Habitants 1901	% d'accroiss. ou de diminution	Superficie cadastrale (hectares)	à l'hectare	au km. 2
Santes	2.478	2.425	+ 2.2	757	3.2	328
Hallennes-lez-Haub.	1.097	1.044	+ 5.3	435	2.5	252
Ennetières-en-Wepp.	1.601	1.605	+	1.044	1.5	153
Englos	474	456	+ 4.5	135	3.5	351
Capinghem	353	327	+ 8.6	185	1.9	190
Prémesques	1.196	1.266	— 6.7	506	2.3	235
Lompret	709	722	— 1.9	310	2.2	228
Pérenchies	4.207	3.483	+ 16	303	13.2	1.329
Verlinghem	1.533	1.546		1.008	1.5	152
Quesnoy-sur-Deûle	5.121	5.040	+ 1.6	1.436	3.5	356
Annappes	3.026	3.014		1.153	2.6	262
Lesquin	2.112	1.810	+ 16.7	851	2.4	248
Vendeville	464	474	— 2.5	257	1.8	180
Templemars	1.305	1.190	— 10.4	461	2.8	283
Wattignies	3.116	2.900	+ 7.4	631	4.9	493
Noyelles-lez-Seclin	267	303	— 12	238	1.1	112
Houplin	1.997	1.867	+ 7.2	648	3	308
Bondues	3.311	3.147	+ 5.2	1.304	2.5	256
Wasquehal	7.011	5.969	+ 17.4	686	10.2	1.022
Flers	5.004	4.434	+ 12.7	925	5.4	539
Ascq	2.843	2.553	+ 10.4	668	4.2	421
	49.225	45.575	+ 7.5	13.941	3.5	351

L'augmentation totale de l'agglomération a donc été de 29.135 habitants, soit à peu près la même augmentation moyenne de 3.000 habitants par an constatée au cours du XIXe siècle par M. Blanchard. Mais alors que l'augmentation totale du groupe en °/₀ n'est que de 10,8 °/₀ et que la commune de Lille ne gagne que 7.000 habitants environ, soit une augmentation de 3,4 °/₀, les communes suburbaines gagnent 21.924 habitants, soit 28,2 °/₀. Le phénomène constaté par M. Blanchard continue : ce sont les communes suburbaines en voie d'urbanisation qui absorbent la presque totalité de l'accroissement de la population.

Si nous groupons ces communes par situation géographique, nous trouvons un premier groupe **à l'ouest** de la Deûle où les *augmentations sont très remarquables.* Lomme avec 52,8 °/₀, Lambersart avec 37 °/₀, Saint-André avec 44,3 °/₀ ; l'ensemble du *groupe ouest* passe de 17.378 à 25.131 habitants, soit un gain de 7.753 unités représentant une augmentation moyenne de 44,6 °/₀.

Puis l'on distingue le groupe du sud-est, Hellemmes, Lezennes, Ronchin et Faches, qui, de 20.279 habitants passe à 26.913, soit un gain de 6.734 habitants représentant une augmentation moyenne de 33,2 °/₀.

Vient ensuite le groupe Nord-Nord-Est, La Madeleine, Marquette, Mons-en-Barœul, qui passe de 21.590 habitants à 27.258, soit un gain total de 5.668 habitants et une augmentation de 26,2 °/₀.

Enfin le groupe Sud-Ouest avec Loos et Haubourdin qui passe de 17.998 à 20.861, soit 2.863 nouveaux habitants, représentant 15,9 °/₀ d'augmentation.

On le voit, c'est surtout vers **l'ouest** et **vers le sud-est** que se sont produits les plus forts accroissements de population.

Ceux donc qui croient que la poussée d'urbanisation se fera surtout dans la direction de l'agglomération Roubaix-Tourcoing sont dans l'erreur. En réalité, **c'est tout autour du noyau générateur** de l'agglomération lilloise que celle-ci s'opère, d'une façon à peu près simultanée.

C'est donc pour **toute la superficie** de l'agglomération qu'il importe d'étudier un plan logique d'urbanisation.

Si nous prenons maintenant l'agglomération urbaine, telle que nous l'avons comprise, nous voyons qu'elle est passée de 306.528 habitants à 336.276, soit 9,7°/₀ d'augmentation, mettons 10 °/₀. Adoptons ce chiffre comme moyenne décennale de l'augmentation de l'agglomération lilloise, telle que nous l'avons comprise, pour le siècle qui viendra. Nous avons signalé à vrai dire diverses causes qui pourraient accélérer le mouvement de citadinisation et amener au cours de ce laps de temps des périodes d'augmentations décennales sensiblement plus fortes, mais d'autre part, il y a lieu de tenir compte de la situation créée par la guerre et qui fera que pendant un certain temps, les afflux possibles de population n'auront pour effet que de compenser les pertes éprouvées.

Ainsi la population de la commune de Lille qui était de 217.807 habitants en 1911, n'était plus, au 30 novembre 1919 que de 202.994 (1). Depuis lors, ce chiffre a dû continuer à se relever par les rentrées d'évacués et l'arrivée de nombreux émigrants qui, au lieu de retourner dans leurs foyers d'avant guerre, semblent avoir tendance à se fixer à Lille pour les multiples raisons qui provoquent la citadinisation de plus en plus intense de la population nationale, et que la guerre, par suite du déracinement occasionné dans le pays dévasté aura encore tendance à accentuer. On peut

(1) Le recensement de 1921 dont le résultat vient d'être publié donne à la commune de Lille exactement 200.952 habitants.

donc espérer qu'en 1921, une fraction importante des pertes de l'agglomération lilloise aura été déjà réparée, c'est pourquoi nous établissons les perceptives d'accroissement de la population lilloise comme suit :

Période	1911 à 1921. . . .	336.000 + 0 ou même — X
»	1921 à 1931. . . .	336.000 + 33.600 = 369.600
»	1931 à 1941. . . .	369.600 + 36.960 = 404.560
»	1941 à 1951. . . .	404.561 + 40.456 = 447.216
»	1951 à 1961. . . .	447.216 + 44.721 = 491.937
»	1961 à 1971. . . .	491.937 + 49.193 = 541.130
»	1971 à 1981. . . .	541.130 + 54.113 = 595.243
»	1981 à 1991. . . .	595.243 + 59.524 = 654.767
»	1991 à 2001. . . .	654.767 + 65.476 = 720.243
»	2001 à 2011. . . .	720.243 + 72.024 = 792.267
»	2011 à 2021. . . .	792.267 + 79.267 = 871.593

Nous n'avons tenu compte dans ce calcul que de la population des communes du tableau A, c'est-à-dire de celles dont l'urbanisation est déjà en cours.

Encore, parmi celles-ci se trouvent Emmerin et Wambrechies dont il ne semble pas que l'urbanisation éventuelle soit encore effectivement commencée puisqu'elles se trouvent en fait avoir perdu des habitants, au lieu d'avoir vu leur nombre augmenter.

Elles viennent donc diminuer plutôt la moyenne générale d'augmentation.

Si nous les avons mis dans le tableau A au lieu du tableau B où leur place paraît plus indiquée, c'est pour des raisons hygiéniques qui leur créent déjà ou est susceptible de leur créer bientôt un lien assez intime avec le reste des communes urbanisées ou en voie d'urbanisation.

Il n'y a du reste là, pensons-nous, qu'une situation transitoire qui, pour Emmerin tout au moins, s'explique par le manque de moyens de communications rapides par tramways électriques avec le reste de l'agglomération urbaine.

Quoiqu'il en soit, il résulte de ce tableau, qu'en 1911, les 336.276 habitants de l'agglomération lilloise occupaient un territoire total de 11.723 hectares, soit une densité moyenne de 2.868 au kilomètre carré.

D'autre part, l'aire du plan d'aménagement et d'extension que nous proposons représente approximativement celle d'un cercle de 6 kilomètres 1/2 de rayon qui serait décrit autour de la colonne obsidionale de la Grand'Place. Soit une surface de 12.354 hectares, sensiblement égale, à quelques centaines d'hectares près, au territoire des communes ci-dessus.

En 1971, c'est-à-dire dans 50 ans, celle-ci serait occupée par 541.130 habitants environ, d'après les prévisions ci-dessus, soit une densité moyenne de 4.372 habitants au kilomètre carré. En 2021, c'est-à-dire dans un siècle, par 871.493, soit une densité moyenne de 7.054 habitants au kilom. carré. Que représentent ces chiffres ?

Ils signifient que l'ensemble de l'aire dont nous prévoyons l'urbanisation et que nous avons comprise dans notre plan d'aménagement et d'extension aurait :

En 1971, une densité moyenne de 4.372 habitants au kilomètre carré.

En 2021, une densité moyenne de 7.054 habitants au kilomètre carré.

C'est-à-dire :

En 1971, une densité moyenne intermédiaire entre celles qu'ont actuellement les communes d'Hellemmes (3.700 habitants au kilomètre carré) et de La Madeleine

(5.470) ; en 2021, une densité moyenne intermédiaire entre celles qu'ont actuellement les communes de La Madeleine (5.470) et de Lille (10.320).

Or, personne ne conteste qu'il n'y ait déjà surpeuplement dans cette dernière et que les conditions hygiéniques, de ce chef, n'y sont pas ce qu'il serait souhaitable qu'elles soient.

A ce point de vue, il faut formuler le vœu que le démantèlement, en procurant de nouveaux espaces à bâtir, **n'aggrave pas trop la situation actuelle** et que son résultat soit seulement ou surtout d'amener une **répartition meilleure de la population existante,** en lui faisant quitter les quartiers centraux insalubres pour aller s'établir dans les nouveaux immeubles édifiés, au lieu d'émigrer dans les communes voisines comme ils avaient tendance à le faire.

Quoiqu'il en soit, on peut estimer que, si nos hypothèses se réalisent, l'aire dont nous avons prévu l'aménagement urbain aura atteint, dans un siècle, une densité voisine du point au delà duquel commencerait la saturation au point de vue hygiénique; que dans 50 ans, cette densité serait tout au plus satisfaisante au même point de vue. Car celle actuelle des communes d'Hellemmes (densité 3.700 habitants au kilomètre carré) et de La Madeleine (5.470), entre la densité moyenne desquelles serait comprise la densité moyenne de l'agglomération lilloise, n'ont rien de particulièrement brillant.

Sans doute, celle-ci serait bonne si une telle moyenne **représentait bien la répartition réelle de la population sur le territoire considéré,** mais il n'en est pas malheureusement ainsi jusqu'à ce jour.

Elle est, en fait, beaucoup plus forte pour les portions couvertes de constructions de ce territoire, tandis que les portions non construites ne contiennent guère plus d'habitants que n'en contiennent les surfaces analogues des communes rurales voisines.

Il faudrait donc, qu'au lieu de s'entasser **les unes à côté des autres, les habitations s'étendent sur toute la surface communale** en cités-jardins, mais pour qu'il en puisse être ainsi, il faudrait que la totalité de cette surface soit pourvue des voies et des canalisations de toute nature permettant cete dispersion, autrement dit qu'elle soit **aménagée.**

Telles sont les constatations et les considérations que nous nous permettons de soumettre aux réflexions de ceux qui, à la vue des dimensions que nous avons cru devoir assigner à l'agglomération urbaine lilloise, seraient tentés de nous taxer d'utopie ou d'exagération.

Quant à nous, nous croyons pouvoir affirmer que, si aucune nouvelle révolution économique ne vient, dans le prochain demi-siècle, modifier profondément les phénomènes sociaux que nous avons observés, l'aire dont nous avons prévu l'aménagement urbain sera urbanisée ou sera en voie avancée d'urbanisation à l'expiration de cette période de temps. Toute la question est de savoir si celle-ci s'étant faite spontanément et sans une méthode poursuivant un plan d'ensemble, la situation à cette époque sera hygiéniquement et socialement exactement analogue pour l'agglomération de 500.000 habitants d'alors à ce qu'elle est pour celle de 300.000 d'aujourd'hui, ou si, au contraire, instruits, par l'expérience, nous préparons pour nos descendants une cité dont ils pourront se montrer légitimement orgueilleux.

Quoiqu'il en soit, pour conclure l'étude à laquelle nous nous sommes livrés au sujet de l'agglomération lilloise. On peut, croyons-nous, assigner grosso-modo : comme limites périphériques de la grande banlieue de celle-ci, celles de l'arrondissement de Lille ; de la banlieue rurale, celles d'un cercle de 10 kilomètres de rayon, décrit autour de la colonne obsidionale de la Grand'Place ; de la banlieue urbaine, celles d'un cercle de 6 à 7 kilomètres de rayon, décrit autour du même point.

Quant au corps urbain, il cesse là où cesse la contiguïté des surfaces bâties, il s'étire donc en longs tentacules suivant l'axe des grandes voies de communication

CHAPITRE III

LE PROBLÈME ROUBAIX-TOURCOING

En examinant le site lillois pour déterminer la zone de la banlieue rurale et urbaine de l'agglomération lilloise, un fait anthropogéographique est immédiatement apparu.

C'est qu'une partie de la zone qui, par sa situation plus éloignée du foyer du quartier métropolitain lillois, semblerait ne devoir être encore qu'à l'état de banlieue rurale est, au contraire, couvert de constructions.

C'est qu'en effet, dans cette portion de territoire d'influence urbanistique de la métropole lilloise, se trouve une autre agglomération urbaine dont l'importance, comme population, est à peu près égale à la sienne ; c'est le groupe de communes formant l'être collectif communal de Roubaix-Tourcoing.

Par suite de ce fait, le secteur de cette zone, de l'est de Marcq-en-Barœul au nord-ouest de Mons-en-Barœul, qui devrait constituer la banlieue rurale lilloise se trouve être en réalité comprise dans la zone de banlieue urbaine de l'agglomération Roubaix-Tourcoing.

Parlant de cette dernière dans son livre sur « la Flandre », M. Blanchard remarquait :

« Sur ce sol où l'expansion n'était pas gênée par les servitudes militaires, les faubourgs se sont allongés englobant peu à peu les communes voisines : Croix, Wattrelos, Lannoy tiennent à Roubaix, Neuville, Mouvaux, Mouscron à Tourcoing.

» En ajoutant à la population de ces deux villes celles de leur banlieue immédiate Française et Belge, on trouve que 293.000 personnes vivent sur ce coin de terre, dans les maisonnettes de briques qui dévalent des coteaux ou s'entassent dans les vallons. Déjà l'avant-garde du groupe roubaisien vers le sud-est n'est qu'à trois kilomètres des faubourgs de Lille, et une grande voie monumentale doit bientôt être jetée d'une agglomération à l'autre, consacrant la jonction de ces deux puissants foyers industriels en une immense ville de 560.000 habitants ».

Depuis lors, la voie monumentale a été réalisée et son exécution n'a fait qu'augmenter encore le « voisinage » des banlieues urbaines des deux agglomérations, de sorte que la zone de **banlieue rurale commune**, qui s'étend encore entre les deux se réduisait, avant la guerre, de jour en jour à un ruban dont la largeur allait s'amincissant, et lorsque le mouvement fatal de construction nouvelle reprendra, cette zone d'urbanisation éventuelle disparaîtra entièrement.

Il n'y aura plus entre les corps des deux grands êtres collectifs qu'une large zone, en cours d'urbanisation, de banlieue urbaine.

Aussi une question importante se pose-t-elle, de ce fait, au point de vue du plan d'extension. Faut-il dès à présent prévoir dans ce plan la fusion des deux agglomérations en une seule, immense, qui, le jour où celle-ci serait un fait accompli, aurait non pas 560.000 habitants, mais dans les environs du million ?

S'il en était ainsi, le projet d'extension devrait être non seulement celui de l'agglomération lilloise, mais aussi celui de l'agglomération Roubaix-Tourcoing. De plus, se poserait alors la question de savoir quel serait, le jour où cette fusion serait un fait accompli, le « quartier métropolitain », le foyer animateur de cet immense ensemble.

La fusion se fera-t-elle par absorption d'une des agglomérations par l'autre, ou bien se créera-t-elle à mi-distance des foyers animateurs actuels de celles-ci un nouveau foyer animateur commun ?

C'est ce point surtout qu'il convient d'examiner, car s'il y avait lieu de supposer que dans l'avenir un nouveau quartier métropolitain puisse s'établir, supplantant ceux actuels des deux agglomérations, **c'est en fonction de ce quartier métropolitain futur** qu'il conviendrait de prévoir toute la voirie tant radiale qu'annulaire d'un plan d'extension commun aux deux agglomérations.

Nous n'avons pas cru devoir adopter cette manière de faire qui eut encore compliqué l'élaboration du plan d'extension.

Nous nous sommes donc bornés à réserver simplement dans le plan spécial d'aménagement et d'extension de la seule agglomération lilloise des emplacements possibles pour l'établissement d'un tel foyer, s'il devait naître, un jour, et à ménager la possibilité d'en faire rayonner vers l'une et l'autre agglomération une voirie radiale.

Cela suffira, à notre avis, car au jour, assez lointain pensons-nous, où se résoudra cette question de la fusion en une seule des deux agglomérations, la solution qui prévaudra sera, soit la disparition de certains des foyers métropolitains, soit la conservation de chacun d'eux et l'établissement d'une sorte de surfoyer commun.

A) Si les foyers animateurs d'une agglomération doivent absorber un jour ceux de l'autre, nous pensons que le foyer lillois sera celui qui aura le plus de chances de subsister :

1° Parce que l'agglomération lilloise sera devenue alors fort probablement chef-lieu de région administrative, comme elle est chef-lieu du département, chef-lieu de région économique, de corps d'armée, d'Académie, etc...

2° Parce que l'un des foyers de son quartier métropolitain sera une gare centrale, **point de contact avec le réseau mondial de voies ferrées normales,** comme nous l'avons expliqué ci-dessus.

3° Parce que, historiquement, les agglomérations autrefois distinctes de Roubaix et de Tourcoing sont des satellites de l'agglomération lilloise.

Les marchands et cardeurs de laine de Tourcoing alimentaient, avant la Révolution, les drapiers lillois.

Quant à la draperie de Roubaix, elle a dû son succès à l'émigration des négociants en draps de Lille qui, trop gênés dans leur commerce par les règlements corporatifs urbains, allèrent s'installer sous la protection du seigneur de Roubaix.

Comme c'étaient les plus actifs et les plus entreprenants, il en résulta dans la nouvelle société économique qui se développa, un esprit beaucoup plus ouvert que celui des négociants restés dans la métropole. Il en subsiste encore quelque chose qui fait dire parfois que les Roubaisiens sont les « Américains du Nord ». Cet esprit particulièrement développé d'entreprise est la cause du développement extraordinaire pris par l'agglomération Roubaix-Tourcoing.

Celui-ci du reste, comme l'indiquait M. Blanchard, a été facilité par l'absence d'enceinte fortifiée qui a permis une extension sinon harmonieuse et esthétique, tout au moins continue.

B) Mais précisément parce que les deux principales communes qui ont constitué l'*agglomération Roubaix-Tourcoing sont d'anciens satellites* de l'agglomération lilloise dont la croissance a été telle qu'elle a égalé celle de la métropole et créé la curieuse situation urbanistique que nous avons relatée, nous nous demandons si l'absorption des foyers métropolitains de Roubaix-Tourcoing par celui de la métropole lilloise sera possible un jour.

Il s'est opéré entre les deux *agglomérations, au point de vue* industriel et commercial, une division du travail qui fait que la caractéristique de l'agglomération lilloise est d'être la métropole française du lin, celle de l'agglomération roubaisienne, celle de la laine. Il en résultera des divergences d'intérêts qui empêcheront fort longtemps que l'une et l'autre ne forment véritablement qu'un *seul* être *collectif*, qu'une seule « *commune* » *morale*.

Déjà quoique Roubaix et Tourcoing ne soient que les portions d'une seule grande agglomération urbaine, elles sont restées malgré tout et malgré les liens de voisinage qui les unissent, socialement distinctes pendant tout le cours du XIXe siècle.

Ce n'est qu'à l'aurore du XXe siècle que la force des choses a amené un mouvement de fusion qui deviendra de plus en plus intime, mais qui, cependant, n'a pas encore amené et ne *semble* pas *devoir d'ici longtemps* amener l'absorption complète du foyer animateur tourquennois par le foyer animateur roubaisien ou réciproquement, ni même, chose plus curieuse, la naissance d'un foyer animateur commun nouveau.

S'il en est ainsi, peut-être est-ce précisément parce que, étant malgré, leur importance, toutes deux dans le rayon d'influence de la métropole *lilloise*, la présence du foyer *animateur de celle-ci*, sa situation de chef-lieu administratif, rendent difficile la création de ce surfoyer commun de l'agglomération Roubaix-Tourcoing, ou la possibilité que l'un des foyers de ces deux communes prenne sur l'autre une influence urbanistique suffisante pour lui donner, par rapport à l'autre, un caractère satellitaire absolu.

Si cette fusion ou cette *absorption* est déjà si lente à s'opérer entre les deux portions de l'agglomération Roubaix-Tourcoing, combien plus lente encore sera celle qui ne fera qu'un seul et même être collectif des deux agglomérations ; lilloise d'une part, tourquennoise-roubaisienne d'autre part. Les foyers des quartiers métropolitains de chacune d'elles conserveront encore *longtemps*, et peut-être toujours une *autonomie*, tout au moins relative par rapport les unes aux autres.

C'est pourquoi : nous pensons que le jour où la fusion des deux agglomérations sera un fait en cours de réalisation, il y aura non absorption complète de deux de ces foyers animateurs par le troisième, fut-il celui de la métropole administrative, mais conservation pour chacun d'eux d'une certaine autonomie locale, **spécialisation de fonctions dans le grand organisme qui se constituera alors** et, peut-être, dans les environs du lieu géométrique des points où sont situés les trois foyers animateurs actuels, création **d'un « surfoyer » commun** où seront concentrés les organes urbains du grand être collectif ainsi formé qui devront nécessairement être communs à toute l'agglomération.

En conséquence, il nous a semblé qu'il y avait possibilité pour l'instant d'éliminer en grande partie le problème urbanistique que pose la présence dans l'orbite de l'agglomération lilloise d'une autre masse urbaine considérable, et nous nous sommes bornés à prendre dans le plan que nous proposons, quelques précautions pour le moment où la préoccupation de la résoudre s'imposera à nos descendants.

CONCLUSION.

Dans les pages qui précèdent, nous nous sommes efforcés, grâce à la méthode d'observation des faits mise à notre disposition par la science récente qu'est l'anthropogéographie, de dégager les lois naturelles tant générales que particulières conditionnant le développement de l'agglomération urbaine lilloise.

C'est qu'en effet la connaissance de ces conditions est une des bases indispensables de l'important travail d'urbanisme qu'est l'établissement pour cette agglomération d'un plan judicieux d'aménagement et d'extension.

Le problème que pose cet établissement comporte deux sortes de données :

Les unes, qu'on pourrait qualifier de **rationnelles,** sont celles que fournit l'idéal social et esthétique répondant à l'état de civilisation matérielle et morale, au degré de culture intellectuelle, atteints par la race humaine élaborant ce plan.

Les autres; qu'on pourrait qualifier de **naturelles,** sont celles que fournit l'observation des faits anthropogéographiques.

C'est la combinaison de ces deux sortes de données qui permettra de concevoir **un idéal urbanistique.**

C'est vers la réalisation de cet idéal urbanistique que devra tendre un bon plan d'aménagement et d'extension d'agglomération urbaine.

Mais, dans la pratique, il sera presque toujours impossible de parvenir à une réalisation intégrale, par suite des contingences locales auxquelles celle-ci se heurtera.

Or, c'est encore la connaissance des faits anthropogéographiques qui, dans bien des cas, permettra de déterminer les obstacles s'opposant à cette réalisation intégrale et fournira les solutions approchées pratiquement applicables.

C'est dire toute l'importance qu'a déjà dans le présent, qu'aura surtout dans l'avenir, comme guide de l'urbanisme, au fur et à mesure que les principes de cet art se dégageront plus nettement, la science d'observation, d'apparence toute théorique, qu'est la Géographie Humaine.

www.ingramcontent.com/pod-product-compliance
Ingram Content Group UK Ltd.
Pitfield, Milton Keynes, MK11 3LW, UK
UKHW021106270726
13993UKWH00006B/1039

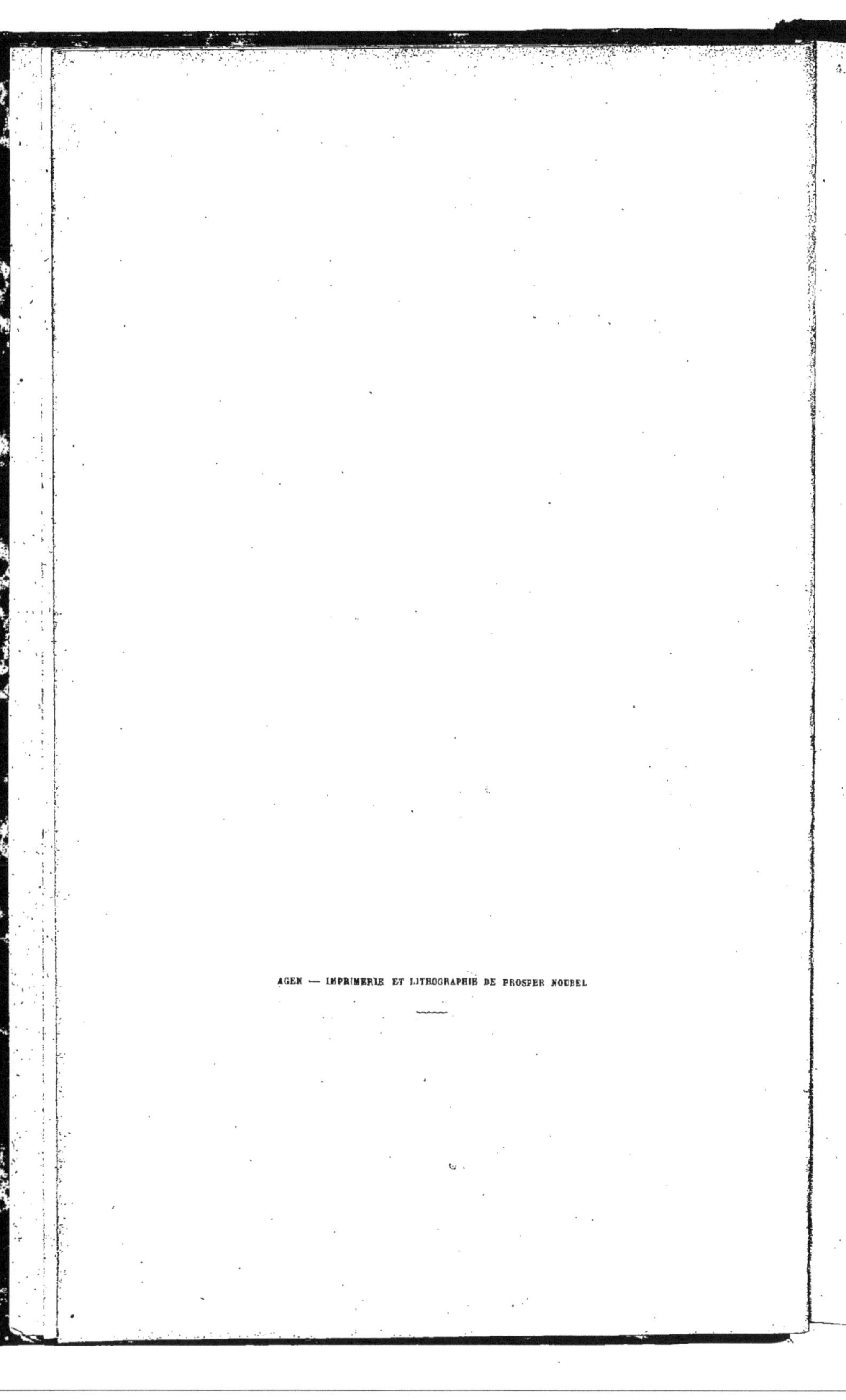

AGEN — IMPRIMERIE ET LITHOGRAPHIE DE PROSPER NOUBEL

MAISON

DE

SAINT-GRESSE

GÉNÉALOGIE

Par J. NOULENS

DIRECTEUR DE LA REVUE D'AQUITAINE

PARIS

DUMOULIN, ÉDITEUR ET LIBRAIRE DE L'ÉCOLE DE CHARTES

QUAI DES AUGUSTINS, 43

—

1861

DE SAINT-GRESSE

Seigneurs de Saint-Gresse, de Séridos, de Beauregard, d'Ascous, de Pascau, de Laubadère, du Bouscas, d'Allons, de Cugnos, d'Encrabère, de Merens, d'Ardenne, etc.

ARMES : *d'azur, à une levrette courante d'argent, accolée de gueules, (a)* — COURONNE : *de comte*, — SUPPORTS : *deux levriers*, — DEVISE : **Usque ad mortem fidelis** (1).

La légende, quoique enfantine et conteuse, repercute le plus souvent, de sa voix naïve, une vérité lointaine. Aussi, avant de pénétrer dans l'ordre des faits légitimés par l'authenticité, ne devons-nous pas refuser l'oreille à l'écho de la tradition qui attribue une tige byzantine à la famille

(1) En application de l'édit royal du 20 novembre 1696, ces armes furent enregistrées aux noms de Joseph de Saint-Gresse, seigneur de Séridos, et de Jean de Saint-Gresse, seigneur de Merens, dans l'armorial général, registre de Languedoc. *(Voir à la Bibliothèque Impériale des manuscrits.)*

dont nous allons remonter et descendre les degrés à travers une série d'âges.

Quand la première croisade fut publiée, Raymond de Saint-Gilles, comte de Toulouse, laissant ses belles cités aux constructions demi-sarrasines et aux habitants demi-hérétiques, s'achemina, en 1096, par la Lombardie, le Frioul et la Dalmatie, pour venir en Orient combattre les Infidèles. Il amenait, à sa suite, l'élite de nos barons. Parmi ceux qui s'étaient attardés et qui descendirent, un an après lui (1097), la vallée du Danube que Michelet appelle la grande route du genre humain, la narration populaire nous montre Astanove comte de Fezensac. Derrière son *pennon d'or aux deux tourteaux de gueules* marchent ses hommagers. C'est à leur tête qu'il arriva à Constantinople. Depuis un demi-siècle, les Grecs voyant les Occidentaux déborder par toutes les avenues de l'Empire, craignirent d'être emportés par ce torrent; leur terreur avait, depuis, augmenté, car ils étaient tous les jours témoins de la séduction exercée sur les hommes de la race franque par leur ville merveilleuse, toute de lumière et d'or. Les soldats du Christ ne dissimulaient pas d'ailleurs que l'amour spirituel de Jérusalem n'était pas exclusif d'une convoitise temporelle pour la métropole du Bosphore. L'empereur résolut une extermination ténébreuse de ces dangereux alliés: il leur tendit des embûches et fit empoisonner les puits et les cours d'eau. Astanove ayant sollicité un pilote pour franchir la mer et passer en Asie, Alexis Comnène lui dépêcha un de ses gentilshommes auquel il avait donné la secrète mission de mener les passagers aux flèches des Turcs. Indigné d'un tel rôle, le noble nautonnier vint débarquer loyalement sur la côte de Palestine ceux qu'il était chargé de conduire aux brisants ou aux arcs de l'ennemi. Jaloux de récompenser ce grand acte de vertu, le comte de Fezensac attacha le Bosphorien à sa personne en qualité d'écuyer. Il y avait à peine deux ans qu'Astanove était descendu en Terre-Sainte, lorsqu'il expira dans les bras de son serviteur; on ignore s'il fut blessé au corps par les traits des Mahométans, ou si, comme Godefroi de Bouillon, il fut atteint au cœur par le dégoût de la vie, en voyant derrière lui et autour de lui, les chemins et les campagnes jonchées des ossements d'un million d'Européens, réduits à dix mille. En rendant le dernier soupir, il fit jurer au Byzantin de réintégrer ses restes dans son pays et dans sa famille. L'étranger tint son serment : il revint en Aquitaine avec Amanieu II d'Albret, Gaston IV de Béarn, Raymond-Bertrand de l'Isle-Jourdain. Dans la traversée tous l'appelaient : *Grec vénéré*, Σεμνὸς Γραικὸς *(semnos graicos)*, d'où dérive visiblement *Sen-Gresse* (1).

(1) L'orthographe du mot SEN-GRESSE présente trois variantes : *San-Gresse*, *Sen-Gresse* et *Saint-Gresse*. L'avant-dernière est la plus répandue dans les titres originaux et la plus conforme au radical de la légende. Dans un hommage rendu à Louis XIV, comme vicomte de Fezenzaguet, par noble Jean de Sen-Gresse pour la terre de Merens, le nom est écrit de cette manière exceptionnelle : *Saint-Grès*.

Ce nom devint ineffaçable et il le transmit à ses enfants, fiers d'un tel héritage. Parvenu au but de son voyage, Azalire, fille d'Astanove, reçut des mains du pieux messager les cendres de son père et le combla de dons. Le baron de Montesquiou, neveu du comte, désireux de l'attirer et de le retenir près de lui, ajouta aux largesses de sa cousine le fief de *Séridos*, à la condition que cette terre serait religieusement maintenue sous sa mouvance par le nouveau vassal.

Le chevaleresque Gaston IV voulut, lui aussi, reconnaître ce rare dévoûment. En 1104, ayant remporté une victoire sur son turbulent voisin Navarrus, vicomte de Dax, il opéra la distribution des états conquis, et offrit un castel et des terres au compagnon d'armes d'Astanove, qui avait été aussi le sien. Ce lieu prit alors, et a toujours conservé depuis, le nom de Sen-Gresse, son premier seigneur (1).

La satire patoise de Beautian, si irrévérencieuse pour la plupart des nobles d'Armagnac, prête son concours à la légende pour affirmer l'origine reculée de la famille qui nous occupe. Il y a en effet accord synchronique entre le récit qui précède et les vers qui suivent :

Dous gentious lou millou ès Bernard de Sen-Gresso
Labesqu'y a chès cens ans qué diséouo la messo.

(1) Elle est située entre Dax et Peyrehorade, dans les Landes.

Cette croyance s'était perpétuée par la mémoire des générations, et la censure fut obligée de faire fléchir ses rigueurs dans la crainte de compromettre son autorité en refusant justice à ceux qui la méritaient irrécusablement. Nous dirons tout à l'heure pourquoi le prélat que le critique désigne et élève sur un escalier de siècles n'a pas été retrouvable pour nous.

En 1230, comme l'atteste un document des archives du Séminaire d'Auch, un Sen-Gresse figure, avec le seigneur de La Mothe Gondrin, au nombre des signataires d'un protocole de paix qui termina une guerre particulière.

L'obscurité de deux cents ans qui va s'appesantir sur le lignage des Sen-Gresse, fut vers 1445 produite par la fumée d'un terrible incendie. A l'instar de leurs cousins les comtes d'Armagnac, qui furent les porte-glaives de la fatalité nationale, les barons de Montesquiou jouèrent plus d'une fois avec les ruines et les cadavres. L'acte de barbarie et de destruction que nous allons raconter, témoigne de leur parenté avec Bernard VII, qualifié, par le Bourgeois de Paris, de *diable en fourrure d'homme* (1).

Dans une sauvegarde du 14 septembre 1432, Jean IV d'Armagnac accorde en effet les titres de : *Vir nobilis et potens consanguinens* à Ayssin de Montesquiou qui, à cette époque, tenait sous sa mouvance par droit héréditaire la seigneurie de Séridos (2).

(1) *Journal d'un Bourgeois de Paris*, tome XV.
(2) *Père Anselme*, tome VII, p. 266.

FILIATION.

I

La clarté va lugubrement renaître.

ALEXANDRE DE SEN-GRESSE, seigneur de SÉRIDOS, comme l'établit un extrait baptistère de 1440 (1), avait épousé Marie de Monlézun, qui lui avait donné de plus JACQUES, signalé ci-dessous, et de plus BERTRAND et HONORETTE. Marie de Monlézun-Pardiac, était petite-fille du comte de ce nom.

Une telle alliance qui mettait le vassal à la hauteur du suzerain de Montesquiou dut nécessairement inspirer à Alexandre de Saint-Gresse le désir de rompre la dépendance. On comprendra l'influence que dut exercer ce mariage sur le seigneur de Séridos, par un simple regard chronologique sur la dynastie des comtes de Pardiac qui s'identifie à son point de départ avec celle des comtes d'Astarac. Ce n'est qu'en 1088 qu'elles deviennent dis-

(1) Cet extrait des actes civils, qui est relatif à Jacques, fils aîné de cet Alexandre, fut produit devant M. de Rabastens, juge-mage de la sénéchaussée de Quercy, siége de Montauban, commissaire subdélégué de M. Pellot, intendant de Guienne, pour l'examen des titres de noblesse; l'acceptation de ce certificat de baptême, comme preuve nobiliaire, est constatée dans un inventaire que nous aurons fréquemment l'occasion d'invoquer, comme source, dans le parcours de ce travail. L'extrait baptistère, *dûment légalisé*, a été religieusement sauvegardé par la famille de Sen-Gresse.

tinctes. Oger Ier mit l'église Saint-Christaut sous le patronage de Sainte-Marie d'Auch; son fils dota le monastère des Fontrevistes de la seigneurie de Brouilh. Faute d'enfants mâles, ce fondateur transmit son comté à l'époux de sa fille, Oger de Monlezun, fondateur du castel de ce nom (1). Guilhem III, cadet de celui-ci, coopéra à la fondation de l'église de Marciac en 1298. Anne de Monlezun, sa petite-fille, ramena le Pardiac dans la maison d'Armagnac, par son mariage avec Géraud, comte de Fezensaquet, qui fut victime, ainsi que ses enfants, de la cruelle rapacité du connétable Bernard VII. Quelques années auparavant les Monlezun, fixés au manoir d'Aux, faisaient rude guerre aux Anglais. Après les avoir expulsés de Miélhan, neuf enfants de cette noble famille renouvelèrent le combat homérique des trente Bretons, et vinrent jeter le défi à l'armée britannique, dont ils firent une tuerie entière; mais eux aussi restèrent étendus sur le sol. Le père survécut ne sauvegardant dans cette extermination qu'une fille qu'il donna au comte Baudéan, et qu'une petite-fille, née de Frix, son sixième fils.

Ce fut cette dernière qui favorisa de sa main le seigneur de Séridos. La fierté de sa race, exaltée par cette comtale union, lui inspira de se montrer indocile à la suzeraineté promise au sire de Montesquiou par le fondateur

(1) *Voyage archéologique dans l'Astarac*, par M. Cenac Moncaut. — *Chroniques ecclésiastiques du diocèse d'Auch*, par Dom Brugelles.

de sa race. Alexandre de Saint-Gresse, seignenr de Séridos, vers 1445, prétendit donc ne relever que de lui-même. Le feudataire et le vassal guerroyèrent l'un contre l'autre. Leurs hostilités étaient éteintes, toutes les semaines, par la trêve de Dieu, depuis le mercredi soir jusqu'au lundi matin. La violation de cet armistice, réglé par la discipline des conciles et des canons, était un sacrilége. Les infracteurs étaient punis par l'excommunication de leurs personnes et la saisie de leurs biens. Un vendredi, jour où s'était accompli un saint mystère, le seigneur de Séridos avait osé reprendre l'offensive (1) contre le baron de Montesquiou. Celui-ci, le lundi suivant, à la tête de ses hommes d'armes, marcha contre le rebelle qui ne put résister au choc de forces supérieures. Le fer massacra le châtelain de Séridos et ses partisans; le feu brûla le château de long en large jusqu'aux dalles (2). Après cet égorgement et cet embrasement épouvantables, les vainqueurs secouèrent la cendre de leurs pieds et revinrent chez eux, pliant sous le butin. Dans cette immense fournaise les armures furent fondues et les papiers domestiques consumés (3). Les trois enfants, éloignés de la scène tragique avant la lutte, obtinrent seuls la grâce de la vie. D'abord spoliés, ils furent plus tard remis en possession de leurs droits. De ces orphelins, ainsi que

(1) *Documents de M. le marquis de Pins Montbrun.*
(2) *Archives du département des Hautes-Pyrénées.* Id.
(3) Id. Id.

nous l'avons dit, l'un s'appelait JACQUES ou JAIME DE SAINT-GRESSE, l'autre BERTRAND et la troisième HONORETTE (1). Deux sœurs, filles de noble Louis de Ferrabouc, seigneur de Camarade, devinrent les épouses des deux frères (2).

JACQUES, l'aîné, fit choix de *Jeanne*. BERTRAND, le cadet, qui sera l'auteur de la branche dont nous poursuivons la descendance, fixa le sien sur Marguerite (3), et une dot de cent sols bordelais fut constituée à chacune d'elles. Il n'y eut qu'un seul contrat pour ce double mariage (4), auquel furent présents : nobles Manaud et Guillaume de Ferrabouc, Monge de Saint-Pé de Condom, Jean de Lescout, seigneur du même lieu, Pierre de Beon (5), seigneur de Bière (6).

Avant de reprendre Bertrand qui va personnifier le premier degré dès notre entrée sur le terrain ferme des

(1) *Archives du département des Hautes-Pyrénées.*

(2) Id.

(3) *Inventaire insinué des pièces produites par noble Jean de Sen Gresse, seigneur de Séridos, et Jean-François de Sen-Gresse, seigneur du Bouscas, oncle et neveu assignés en recours de leurs titres de nobilité* (1666). Ainsi qu'il a été dit, cet inventaire fut dressé par François de Rabastens, lieutenant et juge présidal de Montauban, commissaire subdélégué de messire Claude Pellot, intendant de Guienne, pour procéder à l'exécution de l'ordonnance du 28 novembre 1664. Ce cahier de 13 feuillets, dans lequel sont détaillés tous les actes authentiques fournis par les deux branches de Sen-Gresse, fait partie des archives domestiques du chef actuel de cette maison.

(4) *Archives du département des Hautes-Pyrénées.— Manuscrit de Larcher*, série E E.

(5) *Archives départementales des Hautes-Pyrénées.* *Id.*

(6) *Id.* *Id.*

preuves, disons sommairement quelle fut la destinée de la postérité de Jacques et d'Honorette.

JACQUES fut père de JEAN (1), qui le fut à son tour de *François* (2).

Ils se succédèrent dans la co-seigneurie de Séridos en Angles. Pendant un séjour à Marseille, *François* qui était lieutenant du comte de Sommerive, dans la forteresse d'Antibes, en Provence, contracta une alliance avec demoiselle de Thonia de Monlaud, née de noble Jean de Monlaud, seigneur de Matles, au diocèse de Montpellier, et de Marie de Saint-Félix. (3). Ils furent honorés de l'assentiment du comte et de la comtesse de Tende. Le couple nuptial fut accompagné à l'église par noble Antoine Iscalin des Emards, baron de la Garde, et de noble Pierre Bon, baron de Mulon (4).

(1) *Archives du départ. des Haut.-Pyr.* — *Manuscrits de Larcher*, série EE.
(2) *Id.* *Id.*
(3) *Id.* *Id.*
(4) Claude de Savoie, comte de Tende et de Sommerive, était petit-fils de Philippe II, duc de Savoie. Son frère René était le père bâtard de Louise, épouse de Charles de France, duc d'Angoulême, dont elle eut François Ier. Le successeur de celui-ci, François II, le traite de cousin dans ses négociations et ses lettres publiées par M. Louis Paris, dans les *Documents inédits sur l'Histoire de France*. Le comte de Tende, dont il est ici question, partagea les dangers du roi à la bataille de Pavie, et sa captivité après la défaite. On le retrouve ensuite dans l'armée conduite sur Naples par Lautrec. Nommé gouverneur et sénéchal de Provence, il repoussa les tentatives de Charles-Quint. Plutard, il fut chargé de se concerter avec le baron des Adrets et M. de Tavannes pour réprimer les troubles Calvinistes du Dauphiné. Suspècté d'indulgence envers les hérétiques, il fut dépossédé de son gouvernement. Son frère Honorat de Savoie, comte de Villars, fut lieutenant-général de Languedoc et révoqué de ce poste pour trop de rigueur envers les Huguenots. Le comte de

La filiation de Jacques est close par François. Elle dut se perdre, ou s'identifier avec celle des Monlaud, puisque, à partir de cette époque, le nom de la branche aînée s'éclipse pour ne plus reparaître.

Honorette eut de son union avec N. de Manso, de la juridiction de Montesquiou, un fils, Raymond, qui mourut prématurément le 10 décembre 1504, léguant sa fortune à son oncle Bertrand. Sa mère eut la douleur de lui survivre : elle ne descendit dans la tombe que le 7 du même mois de l'année suivante (1).

II

BERTRAND Ier DE SEN-GRESSE, quoique cadet, obtint dans le partage fraternel de la seigneurie de Séridos, un lot identique à celui de l'aîné (2). A cette époque dédaigneuse de la nature où la terre indivisible n'admettait pas les puînés, où ceux-ci n'avaient d'autre apanage que le cloître et la grande route, cette application excep-

Tende, l'un des plus grands personnages de son temps, était né en 1507. Il mourut en avril 1569.

(1) Archives départementales des Hautes-Pyrénées. — Manuscrit de Larcher, série EE.

(2) *Inventaire insinué des pièces produites en 1666, par nobles Jean de Sen-Gresse, sr de Séridos et J.-F. de Sen-Gresse, sr du Bouscas, oncle et neveu, devant F. de Rabastens, juge-mage et commissaire subdélégué de messire Pellot, intendant de Guienne.*

tionnelle de l'égalité entre deux frères, réconcilie un peu avec les institutions sociales du temps.

Marguerite de Ferrabouc favorisa Bertrand d'une nombreuse progéniture dont voici le dénombrement.

Aîné. — BERTRAND II, resta fidèle au célibat. Des litiges éclatèrent entre lui et ses frères, à propos de la répartition des biens paternels qui s'opéra, le 26 mars 1531, dans la salle de Séridos, par le ministère de Jean Masti, notaire. Cette fois la part de l'aîné fut léonine; il testa, le 6 mai 1547, en faveur de celui qui vient après (1).

Deuxième. — JEAN, plus connu sous le nom de seigneur de Tabaux (2), va représenter le deuxième degré.

Troisième. — MANAUD, mécontent de l'infime portion qui lui était incombée dans la distribution du patrimoine, revendiqua un supplément, mais il fut débouté de sa plainte, le 1er avril 1535, par un conseil arbitral, composé de noble André de Gélas de Leberon, de Guillaume de La Favrerie, archiprêtre de Valence-sur-Baïse, et d'Antoine Gardelle, conservateur d'Armagnac (3). Dépité par cet échec domestique, il regagna, malade, sa résidence de Beauregard, dans la paroisse de Créon, annexe de Julliac,

(1) Archives du département des Hautes-Pyrénées. — Manuscrit de Larcher; série E E.

(2) *Id.* *Id.*

(3) *Id.* *Id.*

au diocèse d'Aire. Il est désigné, dans les actes publics, sous le nom du lieu qu'il habitait. D'une alliance contractée avec une demoiselle du pays, dont la trace est effacée, il eut *Marsan de Séridos*, qui fut son successeur, et *Françoise* qui donna sa main, en 1549, à Bernard Broa, lequel fut assisté, au pacte matrimonial, de son oncle Jean Clairac, écuyer. Manaud régla, le 25 juillet 1536, ses volontés posthumes. Il désirait être inhumé à l'intérieur de l'église de Saint-Pierre-de-Julliac, auprès de sa regrettée et légitime épouse, et il appelait la sollicitude du vicomte et de la vicomtesse de Julliac sur les enfants qu'il allait laisser orphelins (1). Marsan fut tenu en tutelle par Jean, son oncle, jusqu'à l'expiration de sa minorité advenue le 1er juin 1548.

Quatrième. — PIERRE embrassa la carrière sacerdotale; il fut investi de la prêtrise, en 1546, par Guillaume Piat, évêque de Tarse. Le cardinal Odet de Châtillon, archevêque de Toulouse, le récompensa plus tard de ses mérites en l'élevant au grand vicariat (2).

Cinquième. — Autre, JEAN qui adopta également la profession ecclésiastique, et fut admis dans le canonicat d l'ordre de Prémontrés de Vic-Fezensac. L'abbé de Lacaz

(1) Archives du département des Hautes-Pyrénées. — Manuscrit de Larcher, série E E.

(2) *Id.* *Id.*

Dieu le députa, en 1573, au couvent de Belpech, par delà les monts Pyrénéens, pour pacifier une sédition monacale. Il vivait encore en 1582 (1).

Sixième. — Marie fut amenée à Saint-Yon, par François de Filhos, son époux, qui en était originaire.

Septième. — Jeanne vint se fixer à Mirande, avec le sien qui nous est inconnu.

Marguerite de Ferrabouc, étant à Camarade, manda La Peyrère, notaire de Massencome, et disposa de ses biens au profit de Jean et de Pierre. Les trois autres fils reçurent des legs particuliers de cinq sols bons. Les filles ne furent gratifiées que d'un souvenir (2).

III

JEAN DE SEN-GRESSE, par le célibat et la prédilection de son aîné, se trouva, à la mort de celui-ci, pourvu de la co-seigneurie de Séridos. Avant d'être ainsi apanagé, il avait pris le titre de son domaine de Tabaux, qu'il avait acquis le 10 mars 1536, d'Antoine Gardelle, conservateur d'Armagnac, au prix de 340 livres (3). Le siége

(1) Archives du département des Hautes-Pyrénées et cahiers manuscrits de Larcher, série EE.

(2) Archives du département des Hautes-Pyrénées. *Id.*

(3) Arch. du dép. des Hautes-Pyr. *Id.*

de cette terre comprise dans la circonscription paroissiale d'Ascous (1), près de Valence-sur-Baïse, était vulgairement appelée : *Petit-Séridos* (2). Jean accrut encore ses biens par l'achat de la métairie de Johannet, dans le voisinage de Pouy-Petit (3); il déclara, le 13 juin 1541, devant Antoine de Rochechouart, sénéchal de Toulouse, la tenir noblement (4). M. de Terride l'avait reçu parmi les gens d'armes de sa compagnie d'ordonnance. Le 30 octobre 1537, un congé lui fut délivré par son lieutenant de Monlaus. L'an 1571 (21 août), il n'avait pas encore abandonné le métier militaire, puisque, à cette date, Montluc l'honora d'un certificat que nous confinons au bas de la page (5).

(1) Aujourd'hui : *Asque.*

(2) Ceux qui s'éloignaient du manoir paternel avaient l'habitude, pour sauvegarder leur identité originelle, d'attacher le nom féodal de leur race à une terre de la patrie nouvelle qu'ils venaient d'adopter. C'est ainsi que le nom de *Séridos* fut importé dans le Vicomté de Juillac, par le sieur de Beauregard, dans la paroisse d'Ascous par celui-ci, et dans celle de Casteljaloux par Guillaume de Saint-Gresse, seigneur d'Allons et de Cugnos.

(3) Arch. du dép. des Hautes-Pyrénées. *Id.*

(4) Arch. du dép. des Hautes-Pyrénées. *Id.*

(5) *Nous, Blaise de Montluc, chevalier de l'ordre du Roi, capp*re *de cinquante, etc., certiffons à tous qu'il appartiendra que* JEHAN SÉRIDOS *est homme d'armes des ordonnances du dit ...., et a faict monstre en armes au lieu de Saint-Mathan, pour le quatre d'apvril, may, juing derniers, ce que nous, Jehan de Borderia, docteur ès droit, juge en ce pays de Comminges, commissaire en ceste partie, en l'absence des commissaires ordinaires des guerres, et Estienne Malet, controlleur ordinaire d'icelles, certiffons avec le dict s*r *de Montluc, pour servir et valoir au dict de Séridos, et que de raison. Faict au dict lieu de Saint-Mathan, soubz nos seings cachetz, le 21 août 1571.*

DE MONTLUC. MALET.

Ce parchemin est validé comme tous ceux qui sont entre les mains du chef

Son mariage avec Catherine de Comère, fille de Guillaume de Comère, sieur de La Salle d'Alexands, et veuve de Jean de Ferrabouc, décédé en 1529, était irrégulier au point de vue canonique. Les fiancés, sans préoccupation du degré d'affinité qui les séparait, croyaient s'être légititimement rapprochés (1). Bertrand de Séridos avait eu, comme on sait, pour femme Marguerite de Ferrabouc, sœur de Jean de Ferrabouc, père de celui qui allait être remplacé par Jean de Sen-Gresse au foyer conjugal (2). Les deux cousins allaient donc avoir eu tour à tour la même compagne. Inquiet d'une situation qui transgressait les lois de l'Église, Jean de Sen-Gresse fit un voyage à Avignon où il réclama la miséricorde de Clément VII, qui donna la mission de fulminer une dispense à Claude Rousset. Celui-ci fit comparaître et jurer les époux; il examina les motifs intimes et décisifs énoncés dans la supplique, ouït le 22 juin 1534, les témoignages de noble Jean de Lussan, seigneur de Verduzan, ainsi que celui de noble André de Gélas, seigneur de Leberon. Ces formalités remplies, il accorda la sanction pontificale (3).

actuel de la famille de Sen-Gresse, par la formule : *ne varietur*, et par la signature : *De Rabastens*.

(1) *Inventaire insinué des pièces généalogiques de la maison de Sen-Gresse, dressé par M. de Rabasteins, juge-mage et commissaire subdélégué par M. l'intendant Pellot pour le contrôle et l'examen des titres de nobilité.*

(2) *Archives du département des Hautes-Pyrénées. — Manuscrits de Larcher, série EE.*

(3) La dispense du pape sur parchemin, validée comme preuve de noblesse par la signature : DE RABASTENS, fait partie de la collection du château de Saint-Aignan.

Le pirate Barberousse, Bey d'Alger et de Tunis, était devenu le grand amiral de Soliman et l'arbitre souverain de la Méditerranée : des nuées de figures Africaines, turban en tête et cimeterre en main, s'abattaient principalement sur les côtes de l'Italie et de l'Espagne méridionale. Quatre-vingts mille femmes avaient été enlevées en Andalousie et transportées dans la Barbarie pour la repeupler. Les enfants, les filles du royaume de Naples et des Etats-Romains, surpris dans les campagnes, étaient violemment arrachés à la famille, à la patrie, jetés dans les barques, et puis débités par leurs ravisseurs sur les marchés d'esclaves. Les populations du littoral étaient consternées (1). La garnison de Rome étant impuissante pour repousser ces terribles descentes, le pape fit un appel à toute la chrétienté. Jean de Saint-Gresse répondit à la voix du vicaire de Jésus-Christ, et vint se ranger et combattre sous l'étendard de la croix. Après avoir vaillamment guerroyé dans l'Adriatique, il revint dans la ville éternelle, où le pontife lui accorda une dispense, datée de 1534, à laquelle étaient attachées, pour lui et ses descendants, plusieurs prérogatives religieuses, entre autres celles de posséder un autel portatif fait sur le plan de la chambre de la Vierge, de ne pas être soumis aux règles du jeûne et du maigre durant le carême, d'avoir les entrées libres dans le couvent de Sainte-Claire.

(1) Lamartine, *Histoire de la Turquie*, page 320.

Sous le rapport de la peinture et de la calligraphie, ce petit monument sur vélin est un splendide spécimen d'un art qui n'est plus. Le cadre est guirlandé de trois arabesques et illustré de cinq cartouches. Celui qui occupe le centre de l'architrave enferme une Vierge dont le pur sentiment gothique révèle la main d'un Fiesoles anonyme du XVIe siècle. Deux médaillons, dans lesquels sont figurés saint Pierre et saint Paul, décorent les extrémités du même entablement. Sur les panneaux des bas-côtés sont disposées parallèlement une tête de Christ et les armes pontificales timbrées d'une tiare. Les trois couronnes qui cerclent le bonnet sacré symbolisent la triple royauté du pape sur l'Eglise universelle. Au sommet du champ sont fixées deux croix en sautoir, l'une d'or et l'autre d'argent, toutes les deux liées d'azur et chargées de croisettes de sable. La croix est posée en pal. Les cinq petits sujets sont raccordés entre eux par de gracieux enroulements. Nous nous sommes dévotement incliné sur ce vénérable parchemin, et, après une lecture scrupuleuse, notre appétit de bibliophile a fait chère lie avec ses délicates vignettes. Au nom du joli, cadet du beau, nous demandons que ce document soit, comme une relique, dérobé à la morsure des rongeurs et logé dans une custode ou un écrin. Cette réflexion, conservatrice des titres originaux, nous permet de conseiller à ceux qui ont le privilége d'être pourvus d'archives domestiques de les coter et de les classer avec une pieuse sollicitude. Il est juste de rendre à une réserve d'antiques souvenirs un honneur que l'on accorde volontiers, dans toutes les grandes maisons, aux récoltes d'un vignoble illustre. A l'instar des vieux crûs, les vieux papiers enivrent, mais c'est d'orgueil légitime et d'amour filial. Après cette déviation, rentrons dans le droit sentier.

Catherine de Comère préluda à ses secondes noces par le règlement des affaires de la maison de Camarade. Noble Jean de Séviac, seigneur de Bethmont et de Brana, ex-gouverneur d'Armagnac; noble Jean de Séviac, co-seigneur de Verduzan; noble Bertrand de la Roquau, sieur de Lixandre, beau-frère de l'époux de la mère, transigèrent avec elle, le 7 mai 1533, comme tuteurs de son fils Jean de Ferrabouc (1). Elle se désista d'un legs de cent écus que lui avait laissé son premier mari. Elle eut du deuxième lit :

1° BERNARD DE SEN-GRESSE, seigneur de Séridos, qui continua directement la lignée du premier mariage (2);

2° LIXANDRE, qui donna sa main à Jean Dané, de Saint-Jean Poutge (3). Le pacte fut rédigé par Claude Bodonis, notaire à Vic-Fezensac.

Catherine fut bientôt ravie à sa seconde famille. Etendue sur sa couche funèbre, entourée de noble Jean de

(1) *Archives du département des Hautes-Pyrénées. — Manuscrits de Larcher, série EE.*

(2) *Arch. du dép. des Hautes-Pyr.* *Id.*

(3) *Arch. du dép. des Hautes-Pyr.* *Id.*

Ferrabouc, conseiller et maître des requêtes du roi et de la reine de Navarre, de Bernardin de Ferrabouc et de noble Marestaing, sieur de Tauzia, elle dicta ses dernières intentions à Lapeyrère, notaire de Massencome, et fixa pour lieu de sa sépulture l'église Saint-Barthélemy-de-Camarade (1). Sa dot fut divisée entre les enfants issus des deux paternités : cinq cents écus échurent à ses petits-fils et à ses petites-filles François, André, Françoise, Bertrande et Catherine de Ferrabouc, et la même somme à Bernard et Lixandre de Sen-Gresse (2).

Après le décès de Catherine, Jean de Sen-Gresse lui substitua Mondette de Pins (3), veuve de Guillaume de Pieulegard, lieutenant du viguier de Toulouse. Le contrat passé le 21 mai 1542 mentionne parmi les invités : Jean de Borderia, docteur en droit, cousin de la fiancée; noble Hector de Pins, seigneur du Bourg, et noble Jean de Pins, seigneur de Montbrun.

De ces nouveaux nœuds dérivèrent :

1° Hector de Sen-Gresse, fondateur de là branche du Bouscas, principal objet et sujet de notre notice;

2° Guillaume, dit sieur d'Allons, dont nous aurons occasion de reparler;

(1) *Archives du département des Hautes-Pyrénées. — Manuscrits de Larcher, serie EE.*

(2) *Arch. du dép. des Hautes-Pyr.* *Id.*

(3) *Inventaire des titres produits devant M. de Rabastens.*

3° Marie de Sen-Gresse, qui attacha d'abord sa destinée à noble Jean de la Violette, seigneur de Cassagnau, et, quand elle l'eut perdu, à noble Jean Coutin, seigneur de Pimbat. Elle donna au premier un successeur, dont noble Bernard d'Antras, seigneur de Samazan, était curateur en 1594 (1).

Jean de Sen-Gresse avait toujours conservé la moitié de la salle et de la seigneurie de Séridos. Il l'avait baillée en ferme, le 18 avril 1547, à Jean de Sen-Gresse, son cousin-germain, possesseur du reste. Le 11 avril 1560, il céda sa part héréditaire à François (2), fils du précédent, moyennant 700 livres, et lui garantit qu'elle n'était soumise qu'à la mouvance du baron de Montesquion.

Jean consacra le produit de cette aliénation à son agrandissement territorial aux entours du Bouscas (3), et les fiefs d'Ampeils, d'Ascous, de Pardaillan et de Beau-

(1) Archives départementales des Hautes-Pyrénées. — Manuscrit de Larcher, série EE.

(2) *François* était, comme nous l'avons déjà dit, lieutenant du comte de Sommerive, dans la forteresse d'Antibes, en Provence.

(3) Le château du Bouscas est le même que celui qui porte aujourd'hui le nom de : *Busca*, situé entre Massencome et Mouchan, dans l'arrondissement de Condom. Cette terre tomba plus tard en la possesion de M. de Maniban, président à mortier du parlement de Toulouse, qui fit réédifier sur l'emplacement de l'ancienne construction une résidence grandiose, réputée pour son escalier monumental. Les 365 ouvertures qui éclairaient l'intérieur de ce beau manoir avait inspiré ce dicton populaire :

Aou Castèt dè Maniban
Y a 'stan dè frinestos què dè jours en l'an.

caire, passèrent dans ses mains de celles d'Antoine de Gélas, seigneur de Leberon et de Flarambel (1).

IV

HECTOR DE SAINT-GRESSE, issu, comme nous venons de le voir, du second mariage de Jean II et de Mondette de Pins, eut, à la mort de son père, de longs débats avec Bernard, son frère aîné, provenant du premier lit. Celui-ci, après une série de luttes litigieuses, leur fit cession de la terre du Bouscas (2). Cette dénomination territoriale sera désormais le signe distinctif de la branche en l'honneur de laquelle nous avons tenté cette étude. La tige gardera, jusqu'à son extinction, à la fin du XVIIIe siècle, son nom de Séridos. Le fondateur du rameau qui nous intéresse spécialement ajouta, d'abord, au domaine du Bouscas, plusieurs fiefs acquis du seigneur de Gajan dans Ascous, mais il ne tarda pas à les aliéner (3).

Henri IV, donna plusieurs délégations difficiles à Hector de Saint-Gresse, qui s'en acquitta, toujours, à la satisfac-

(1) *Archives du département des Hautes-Pyrénées. — Manuscrits de Larcher, série EE.*

(2) id. id.

Les transactions passées entre les deux frères devant Lacoste, notaire à Valence, pour la division de la maison paternelle, l'une du 4 novembre 1568, l'autre du 2 juin 1569, sont aux archives du château de Saint-Aignan.

(3) *Archives départementales des Hautes-Pyrénées,* série EE.

tion de son royal mandant. Le mandataire était très-avancé dans l'intimité politique de son maître, qui lui réserva plus d'un rôle dans l'exécution de ses desseins confidentiels. La lettre, que nous allons copier d'abord et interprèter ensuite, atteste la foi du prince béarnais, dans l'habileté et le tact du seigneur du Bouscas, plus connu dans les camps, sous la désignation de capitaine Séridos (1).

Capitaine Cerido, j'ai sceu ce que m'avez escript et entendu par le porteur auquel avez chargé de me dire : Sur quoy je ne voy autre meilleur moyen pour y pourvoir et mestre les choses en bon état, scavoir que de faire ung voyage le quel vous debrez faire dedans cinq ou six jours. Cependant je vous prye regarder à contenir toutes choses en paix et avec toute la dextérité qu'il est possible et advisez à ce qui est entendu. Par mesme moyen je vous feray bailler permission pour quatre moys. Ayant aussi voulu presser vous renvoyer votre porteur présentement et vous faire entendre mon intention. Sur ce pryant Dieu vous tenir, capitaine Cerido, en sa sainte et digne garde.

De Lectoure, ce deuxième de décembre 1571 (2).

Votre bien bon amy,

HENRY.

(1) *Archives départementales des Hautes-Pyrénées,* série EE.
(2) *Archives du château de Saint-Aignan.*

Tachons d'emprunter, pour un instant, à M. de Monmerqué ou à M. Berger de Xivrey, cet esprit intuitif qui leur sert de clef pour ouvrir tous les arcanes de la correspondance d'Henri IV et tenons de pénétrer le sens énygmatique de cette lettre. Don François, ambassadeur d'Espagne, auprès de la Cour de France, dénonça comme un acte d'hostilité envers son souverain, les armements maritimes qui s'opéraient clandestinement à La Rochelle et dans le Brouage. Cette expédition, selon le ministre plénipotentiaire de Philippe II, avait pour but une attaque des possessions Espagnoles, soit dans les Indes, soit dans les Pays-Bas. Henri IV, qui commandait alors pour le roi en Guyenne, désireux de dissimuler une entreprise politique, concertée entre sa mère Jeanne et Catherine de Médicis, donna un démenti officiel et députa en mission secrète le capitaine Séridos, qui le tenait au courant des préparatifs nautiques. L'officier gascon avait ordre de suivre les côtes et d'inviter les marins qui équipaient la flotte à modérer leur patriotisme et à procéder avec prudence et mystère, deux conditions essentielles de réussite.

Avant de mentionner la postérité d'Hector, arrêtons-nous un instant à Guillaume, son frère cadet.

Guillaume, conquit par un mariage, l'héritière et l'héritage d'Allons, seigneurie qui confinait au Bazadais, mais qui était enclose dans le diocèse de Condom. Il procréa :

1° *André de Sen-Gresse*, seigneur d'Allons et de Cugnos, qui aura un rôle dans un épisode qui va être déroulé ;

2° *Guillaume* et *Pierre*, seigneurs de Séridos, qui y figureront aussi, et enfin *Magdeleine* qui eut dans sa vie deux phases conjugales. Elle eut pour premier époux, noble François de Piis, seigneur de Trajan, et pour second, messire Jean-Charles de Montesquiou de Sainte-Colombe, baron du Sendat. Elle figure comme veuve de ce dernier au contrat de mariage de sa fille Marguerite, passé au château d'Allons, en Albret, le 30 mars 1667 (1).

En marchant sur Casteljaloux, les calvinistes, conduits par l'incendiaire Montalmat (2), gouverneur de Béarn, avaient, au mois de septembre 1568, réduit en cendres l'égise de St-Christophe d'Allons solitairement assise sur le seuil des Landes. Soixante-douze ans après (1646), Jacques de Lavaissière, seigneur de Capchicot, avait rebâti les murs écroulés, espérant par cette liberalité obtenir de l'évêque de Condom (3) *le titre de sépulture et de banc* dans le sanctuaire; il le revendiquait comme possesseur

(1) Papiers domestiques de la famille de Peyrecave Lamarque.

(2) Montalmat était le frère de M. de Fontrailles, gouverneur de Lectoure, pour le compte de la reine de Navarre.

(3) Allons était englobé dans la circonscription diocésaine de Condom comme le témoigne une transaction passée entre l'évêque de cette ville et le curé d'Allons et Gouts son annexe, relativement aux dîmes de ces paroisses. Cet acte est mentionné en un inventaire des archives de la cathédrale de St-Pierre, publié, le 12 juin 1838, dans le journal judiciaire de Condom, n° 737.

de l'une des terres nobles de la paroisse (1). Ce prétendu fief de création récente allait donc primer les privilèges féodaux séculairement exercés dans l'oratoire par les anciens seigneurs d'Allons et de Cugnos, qui les avaient transmis aux St-Gresse leurs continuateurs immédiats. Le domaine de Capchicot avait été anobli par Henri IV, en retour des bontés d'une charbonnière qui désalterait l'ardeur de sa soif et la soif de ses ardeurs, quand le vert galant allait en chasse à travers les giboyeuses *surrèdes* de Houeillès et Durance. D'après l'historien des Landes (2), le mari, patient sujet de Sa Majesté navarraise, s'appelait Lavaissière, bien qu'il ne fût connu et désigné que par le sobriquet de Capchicot (3). Le brave charbonnier ayant

(1) *Histoire de l'Agenais, du Condomois et du Bazadais*, par Samazeuilh, t. II, p, 399.

(2) *Histoire politique, religieuse et littéraire des Landes*, par P.-H. Dorgan, p. 436.

(3) Voici comment se nouèrent ses relations avec le charbonnier. Dans une de ses excursions de vénerie, surpris par la nuit au milieu des forêts de Houeillès, Henri IV s'égara Ce ne fut qu'après bien des marches inutiles et des déviations de tout genre qu'il put, en tâtonnant, heurter la porte de la chaumière habitée par Capchicot. C'était sa première venue en ce logis, mais non sa première rencontre avec la maîtresse, brune attirante qui lui ménageait depuis quelque temps de mystérieuses et d'agréables entrevues sous les discrets bocages des environs. Le charbonnier, charmé de la joyeuseté de son convive, et certes peu soupçonneux de sa qualité, lui servit une miche de seigle relevée de chivichou, fromage indigène. Il regrettait dans son for intérieur de ne pas oser présenter sur la table une hure de sanglier cachée sous un tas de feuilles dans un angle de la chambre. Les lois sur la chasse étaient alors très-rigoureuses, et il craignait que le friand morceau ne fût un témoignage de son infraction aux yeux de l'étranger. Entraîné par les signes de sa femme et son bon naturel, il se décida à offrir la chair défendue à son commensal, ne lui imposant que la condition d'un secret absolu, de peur que quelque malveillant n'instruisît les oreilles du *grand nez*. C'est par ce dernier qualificatif que les

accepté tous les dons du prince, même celui d'un héritier, et se trouvant, par suite de ses complaisances, gorgé de biens, remit le premier nom en usage et en relief; quant au second, il le répudia ou plutôt il l'imposa au domaine provenant des largesses et de la gratitude du Béarnais. La cabane, hospitalière de nuit et de jour à ce suprême visiteur, avait fait place à un château qui a toujours depuis retenu la dénomination de Capchicot. A la date précitée de 1646, c'est-à-dire un demi-siècle et quelques années après l'avénement du brûleur de bois à l'existence seigneuriale, l'origine de sa fortune ne s'était pas encore convertie en mystère, et la mémoire des gens du pays n'avait pas perdu le souvenir de la métamorphose du noir vilain en riche gentilhomme. L'équivoque fils ou petit-fils de celui-ci venait de témoigner son ambition par une demande attentoire aux honneurs traditionnels d'une antique famille. La descendance mi-royale des demandeurs leur donnait apparemment une certaine influence, car le prélat condomois légitima leur sollicitation. Cette concession lésait, comme nous l'avons dit, les droits bien reconnus d'André de Sen-Gresse, seigneur d'Allons et de Cugnos, qui réso-

paysans désignaient fréquemment le jeune prince de Navarre. Celui-ci promit et fit honneur au régal. Capchicot vint comme de coutume le samedi suivant au marché de Nérac. Il fut mandé au château et terrifié en reconnaissant le roi sous les traits de son visiteur. Il pâlissait déjà de frayeur lorsque l'attitude bienveillante d'Henri le rassura. A sa sortie, le généreux béarnais exempta de tout impôt la place de Houeillès où son hôte venait débiter le charbon. Par la suite, cette liaison accidentelle du monarque et de son humble sujet se resserrèrent comme on va le voir.

lut de s'opposer à l'application et à l'exercice des prérogatives dont son voisin avait été injustement favorisé. De concert avec son frère Pierre de Sen-Gresse, seigneur de Séridos, et son gendre de Piis, s[r] Trajan, homme d'une énergie redoutable et redoutée, il tint ses rivaux en échec (1). Cette résistance paraissait avoir annihilé l'ordonnance épiscopale, lorsque Pierre de Caraman, vice-sénéchal d'Albret, intervint pour la faire mettre à exécution. En présence de cette médiation, Trajan ne put contenir sa fureur, et il s'élança dans l'enceinte sacrée suivi d'une escorte armée et d'une meute de chiens. La rixe était imminente. Le Seigneur de Cugnos n'était pas disposé à sacrifier sans combat une prééminence héréditaire. De Piis (2) se montrait encore plus indigné et plus impatient de représailles que son beau-père. Moins con-

(1) *Archives communales de Casteljaloux.*

(2) Le lignage de Piis qui se confond à son point de départ avec celui des Pins, est l'un des plus antiques de la Guienne. Nous le trouvons au XIVe siècle apparenté avec la maison d'Albret par suite de l'alliance de Barthélemy de Piis avec Talasie, fille de Bernard-Ezy d'Albret et de Mathe d'Armagnac. Le contrat fut passé au bourg de Gironde, le 7 mars 1362.

Cette famille a produit, entre autres personnages distingués : PIERRE-JOSEPH DE VARENNES, BARON DE PIIS ET SEIGNEUR DE NOAILHAN, qui fut major de Saint-Domingue ; — PIIS (*Ant.-Aug.* de), auteur dramatique ; — et CHARLES-ANTOINE DE PIIS, grand-sénéchâl du Bazadais et député de la noblesse de ce pays en 1789 ; il fut décapité en 93, ainsi que sa sœur la comtesse de Marcellus. Le représentant actuel du nom et des titres est M. le marquis Louis de Piis, qui réside à Bordeaux.

La branche de Trajan s'éteignit vers le milieu du dernier siècle en la personne de noble Vincent de Piis, sieur de Trajan, lequel avait fait une donation générale de tous ses biens, en faveur du sieur François de Baritault, comme il résulte d'un acte du 9 février 1756, passé par Catherine de Lentilhac, sa veuve.

fiant dans la justice légale que dans la sienne, il courut sus aux usurpateurs, et leur fit expier leur audace par la mort. Jacques de Lavaissière, seigneur de Capchicot, son fils, François de Lavaissière, conseiller au présidial de Guienne, succombèrent dans cette attaque. L'interdit fut jeté sur le cimetière et sur l'église qui avaient été les deux scènes de ce drame sanglant. Le parlement de Bordeaux décréta l'arrestation des assaillants, mais soit par crainte, soit par déférence, les huissiers firent défaut. Enhardis et protégés par la sympathie populaire les accusés circulaient aussi librement que leurs concitoyens sur les places et dans les rues de Casleljaloux. La cour de Guienne reprit ses poursuites. Pierre de Sen-Gresse, seigneur de Séridos, autre fils de Guillaume, fut impliqué dans le procès comme ayant prêté renfort au coup de main (1). Alors les prévenus se retranchèrent derrière les murs de la maison forte d'Allons, où ils se tinrent inaccessibles aux archers. Les troubles de la Fronde ne tardèrent pas à les délivrer. Pendant que leurs juges du parlement étaient exilés et emprisonnés à Condom, eux regagnaient la liberté et l'armée de Condé, sous les ordres duquel ils combattirent les troupes royales. C'est en qualité de capitaine que de Piis servit le vainqueur de Rocroy (2).

Ces querelles fratricides qui nous étonnent et nous

(1) *Archives communales de Casteljaloux.*

(2) *Biographie de l'arrondissement de Nérac*, par Samazeuilh, lettre P, article Piis.

émeuvent aujourd'hui étaient un mal chronique de la société d'alors transmis par le milieu et la fin du XVIe siècle au commencement du XVIIe. Nous sortions des guerres religieuses; le sol était était encore rouge des larges saignées pratiquées par la Saint-Barthélemy, et les cœurs étaient restés familiers aux poignards des bravi et aux spectacles tragiques; aussi aurait-on dit, pour me servir d'une expression de Schakespeare, que chacun *regardait le meurtre comme le chat un bon morceau.* L'esprit de leur temps innocente donc ces gentilshommes toujours prêts à tirer l'épée, et à faire montre d'une vengeance qui pouvait être un scandale pour le ciel, mais qui ne l'était pas pour la terre.

Maintenant revenons à Hector, et reprenons sa ligne filiative. A sa mort, sa femme Paule de Monlezun, fut tutrice de son fils Jean-Jacques de Saint-Gresse, seigneur d'Ascous, qui incarne le cinquième degré.

V

JEAN-JACQUES DE SAINT-GRESSE, fut le deuxième seigneur du Bouscas. Ses noces avec Catherine de La Mazère, nièce de Jean-Jacques de Monlezun, et partant sa cousine, furent célébrées le 7 décembre 1603 (1). Ses enfants furent :

(1) Catherine de Lamazère testa le 21 janvier 1621, et mentionna Jean-Paul.

Jean-Jacques, seigneur de Rivière, qui mourut jeune encore dans les camps;

Jean-Paul, qui va perpétuer la race;

François, seigneur de La Garde (1).

VI

JEAN-PAUL DE SAINT-GRESSE, eut pour femme, demoiselle Françoise de Foudoas de Saint-Griède (2), le 19 février 1639. Ils donnèrent le jour à :

1° Jean-François de Saint-Gresse, qui fut le filleul de François Rolet, seigneur de Castelferrus, et de demoiselle Suzanne de Faudoas. Son lignage tomba en quenouille; il eut une fille mariée à N. Dufau (3), dont les héritiers restèrent possesseurs du Bouscas, jusqu'à l'acquisition de M. de Maniban. Ce fut Jean-François qui, assigné avec son cousin de Pascau, en remise des titres généalogiques, établit que ses ancêtres avaient de temps

(1) *Archives départementales des Hautes-Pyrénées*, série E E.

(2) La famille de Faudoas, qui a produit les marquis de ce nom, est classée entre les plus illustres du Midi. La branche d'Avensac, à laquelle appartiennent les barons de Saint-Griède était alliée aux d'Ornézan, aux Vilhières Lagraulas, aux d'Esparbès de Lussan, aux du Bouzet; celle des Rochechouart était apparentée avec les Montluc, les Chabannes, les Astarac, etc. Voir l'*Histoire des grands officiers de la Couronne*, par le père Anselme, tome vii, pages 135, 255, 266, 285, 292, 461, 927; voir également la Chesnaye des Bois, à l'article de cette famille.

(3) *Archives du département des Hautes-Pyrénées*, série E E.

immémorial pris la qualité de nobles, et qu'ils n'avaient point dérogé. C'est à cette occasion que fut dressé l'inventaire des pièces vidimé par M. de Rabastens;

2º Jean, qui va continuer la descendance, reçut le baptême, le 13 février 1646.

VII

Jean de Saint-Gresse, seigneur du Bouscas, né le 16 février 1646, était en 1688 capitaine d'infanterie, au régiment de Crussol, ainsi qu'il appert d'une donation consentie par ce gentilhomme dans la salle du Pouy, juridiction de Préchac, en faveur de noble Alexandre de Foudoas, et de sa femme Françoise Guilbert (1). Cette libéralité fut inspirée au donateur par les sentiments de parenté et d'amitié qui le liaient à ceux qui en furent l'objet. Il résulte de cet acte, que Jean de Saint-Gresse devait épouser la dame de Merens (2).

La famille de Merens, dont les générations masculines s'étaient glorieusement perpétuées à travers le moyen-âge, n'étaient plus personnifiée à la fin du XVIIe siècle, que par une femme, Catherine de Frère de Hardosse, dame de Merens. Cette riche héritière, entre ses divers compé-

(1) *Archives du château de Saint-Aignan.*
(2) *Id.*

titeurs, opta pour Jean de Sen-Gresse. L'acte de mariage fut rédigé par Miran, notaire à Lavardens, le 28 février 1688 (1). Jean se trouva apanagé de cette terre importante par sa femme qui lui amenait aussi un long cortége d'aïeux. Au nombre des seigneurs qui vinrent rendre hommage au comte d'Armagnac, en 1319, les annalistes de Gascogne ont enregistré Guillaume de Merens, qui fit acte de vasselage pour les terres de Roquelaure et de Peyrusse, ainsi que pour la seigneurie de Castillon (2). Auger et Jean de Merens assistèrent en octobre 1325, le premier à la revue de Jourdain de Lisle, sire de Clermont (3), et le second à celle de l'écuyer N. Tusaguet (4). Dans une montre postérieure (1369), tenue par Pierre de Pommière, pour la défense de Poudenas, figure Auger, l'un des précédents. Au XVIe siècle, l'élite de la noblesse de la sénéchaussée d'Armagnac, fut convoquée par le Roi; M. de Merens fut tenu de fournir deux archers (5). La dame de Hardosse apportait donc à Jean de Sen-Gresse de belles seigneuries, et lui amenait une longue file d'ancêtres dont elle le chargeait d'éterniser la descendance.

(1) *Inventaires des pièces produites devant Monseigneur de la Houssaye de Pelletier, intendant de la généralité de Montauban*, par sieur de Sen-Gresse. Ce catologue est suivi de la décharge de l'assignation griffée : Merilou, et de la maintenue, signée d'Héricourt. — *Archives du château de Saint-Aignan.*

(2) *Registres de Montauban*, collection Doat.

(3) Jourdain de Lisle était gouverneur de Moissac.

(4) *Histoire de la Gascogne depuis les temps les plus reculés*, par l'abbé J.-J. Monlezun, tome VI, pages 137 et 138.

(5) *Idem*, page 140.

Jean fut appelé par le grand Roi à lui rendre hommage pour la terre de Merens, ce qui implique et consacre la fusion de la famille de la femme dans celle de l'époux. Nous croyons que nos lecteurs ne seront pas indifférents à la reproduction des lettres patentes de Louis XIV, dont le texte suit :

Louis, par la grâce de Dieu, roi de France et de Navarre, seigneur souverain de Béarn, viscomte de Fezensaguet, à tous ceux qui ces présentes verront, scavoir faisons : que ce jourd'hui date de ces présentes s'est présenté au bureau de notre chambre des comptes de Navarre noble Jean de St-Grès, seigneur de Merens, en Fezensaquet, lequel, pour obéir aux arrêts par elle rendus, le vingt-troisième février, vingt-unième avril, cinquième juin, septième septembre, douzième novembre mil six cent soixante-cinq et autres sur ce intervenus nous a fait et presté ès mains de notre chambre les foy, hommage et serment de fidélité qu'il nous doit pour raison de la terre et seigneurie de Merens en justice haute, moyenne et basse, fiefs, lots, rentes, dixme inféodée et autres appartenances et dépendances mouvant de nous à cause de notre viscomté de Fezensaguet; en la forme ordinaire et accoustumée estant teste nue, genoux à terre, sans épée, ceinture, esperons, manteau et gans, tenant les mains jointes sur les quatre saints évangiles; et luy a esté ordonné de bailler son adveu et dénombrement dans quarante jours, et le faire vérifier quarante jours après. Passé lesquels et à faute de ce, le d[t] hommage demeurera pour non fait. A CES CAUSES, *ordonnons que s'y saisies avoient été faites contre luy, faute d'hommage et devoir non rendus, demeurent pour non advenues, luy faisant en ce cas main levée des biens saisis, depuis le jour et date de ces d. présentes seulement, avec contributions et déffenses aux commissaires que pourroient avoir été establi au régime et gouvernement; diceux de luy donner aucun trouble ny empeschement en la jouissince, sauf en autres choses nostre droit, et l'autroyer toute; en foy de quoy nous avons fait mestre nostre scel à ces d. présentes. Donné à Pau, en nostre chambre des comptes de Navarre, le septième jour de juin, l'an de grâce mil six cent quatre-vingt-onze et de nostre règne, le quarante-neuvième* (1).

Par le Roi, en la chambre des comptes de Navarre,

VERGÉS.

(Sceau volant.)

Le 30 mai 1693, Irénée d'Aspe, juge-mage, fut commis pour réunir sous les armes un contingent de vingt gentilshommes de la juridiction d'Auch. Parmi eux on distingue Jean de Saint-Gresse, seigneur de Merens, en compagnie de Louis de Noailhan, comte de Lamezan, de Pierre de Montesquieu, de Lasserre s[r] de Crastes, de

(1) Le TITRE ORIGINAL est aux archives du château de Saint-Aignan.

Jean de Larroque, de Jean-Pierre de Lassudrie s[r] de Campanès, de Pierre-Jean de Faudoas, de Jean de Feragut s[r] du Cos, de Jean de Pins s[r] d'Aulagnere, de Jean d'Auxion s[r] d'Ayguetinte, de Jean de Melet Saint-Orens s[r] de Las, etc. (1).

Les preuves de noblesse ayant été redemandées le 1er novembre 1699, par Gaspard-François Legendre, intendant de justice, police et finances en la généralité de Montauban, en exécution de l'arrêt royal du 4 septembre 1696, contre les usurpations nobiliaires, noble Jean de Saint-Gresse, s[r] de Merens, présenta de nouveau la dispense accordée par le pape Paul III, le 21 octobre 1531, à Jean de Saint-Gresse et à Catherine de Comère, la fulmination de la bulle du 23 juin 1534, le pacte du second mariage du même avec Mondette de Pins, son testament, où ses deux épouses sont mentionnées, ainsi qu'Hector de Saint-Gresse son fils, issu de la deuxième. Le produisant joignit à ces titres un arrêt du Parlement de Toulouse qui statuait, dans un différend entre Jean-Jacques de Saint-Gresse et Amanieu de Gajan, du 5 février 1597, le contrat matrimonial dudit Jean-Jacques, seigneur d'Ascous, et de Catherine de La Mazère; le testament de celle-ci (28 juin 1621), dans lequel est enregistré le nom de Jean-Paul de Saint-Gresse, son fils; l'acte de mariage

(1) *Histoire de la Gascogne, depuis les temps les plus reculés jusqu'à nos jours*, par l'abbé J.-J. Monlezun. Tome VI, p. 170 et 171.

de celui-ci et demoiselle Françoise de Faudoas, du 19 février 1639. Ces derniers furent les auteurs de Jean de Saint-Gresse, s[r] de Merens, qui remit pour son compte son extrait baptistère et le contrat qui l'unissait à Catherine de Frère, le 8 janvier 1688. Les conclusions de ce nouvel examen des papiers généalogiques de la famille fut une maintenue de noblesse (1), en faveur du produisant, avec faculté de jouir, lui et ses successeurs, enfants nés et à naître, de tous les priviléges, honneurs et exemptions dont jouissent les gentilshommes tant qu'ils vivront noblement et ne feront aucune dérogeance (*a*). Or, dans cette famille, la profession militaire a été successive jusqu'à la Révolution.

Jean de Saint-Gresse s'affaissa sous le poids des ans, le 26 octobre 1727. De son mariage avec Catherine de Frère de Hardosse dérivèrent :

Jean de Saint-Gresse, qui va reparaître au degré ci-dessous, et Alexandre de Saint-Gresse, chevalier de Merens. La femme de ce cadet, Marie de Faudoas, donna naissance à *Alexandre de Saint-Gresse*, décédé sans postérité. Sa fortune s'était grossie de l'héritage de messire Gabriel de Bernis d'Orval, chevalier de l'Ordre royal et militaire de Saint-Louis, qui résidait à Pontoise (2).

(1) Cette maintenue, qui est aux archives de Montauban, se trouve aussi collationnée et vidimée par d'Héricourt, aux archives du château de Saint-Aignan.

(2) Archives du château de Saint-Aignan.

VIII

Jean de Saint-Gresse IV du nom, chevalier, seigneur de Merens et autres lieux, contracta deux unions, l'une avec Anne de Pouy, et l'autre, en 1706, avec Marie de Gohas, fille du haut et puissant seigneur messire Blaise de Biran d'Armagnac, comte de Gohas, et de dame Anne de Montalier d'Avensac(1). Marie de Gohas était, par conséquent sortie de cette maison chevaleresque(2) qui s'allia, vers la fin du XIIe siècle, avec les comtes de Pardiac ; au XIVe, avec les Pardeillan Gondrin ; au XVe, avec les comtes d'Armagnac, les vicomtes de Fezensaguet; au XVIe, avec les de Luppé, les Roquelaure, les Montluc, les Patras de Campaigno; au XVIIe, avec les Narbonne Fimarcon, les du Bouzet, les Faudoas. Dans toutes nos luttes intérieures ou extérieures, cette héroïque race est toujours présente sur le chemin du péril et de la gloire. Le père de Marie de Gohas, épouse de Jean de Saint-Gresse, avait commandé sous le duc de Luxembourg en 1675. Après avoir fait preuve de capacité militaire, il fut créé mestre

(1) *Archives du château de Saint-Aignan.*

(2) Les armes des Gohas sont deux écus accolés : *le premier, de gueules à la bande d'argent chargée de trois fleurs de lys d'azur, qui ess de Beaumont ; l'autre écartelé au 1er et 4e d'or, à 3 cannes ou merlettes de sable posées 2 et 1 ; au 2e et 3e d'argent, un lion grimpant qui est de Biran d'Armagnac. Le tout surmonté d'uue couronne de marquis, sommée d'une fleur de lys chamoirée, avec cette devise : Impavictum ferient ruinæ.*

de camp d'un régiment de dragons levé par lui et appelé de son nom. Durant la guerre du palatinat, il ne quitta notre armée d'Allemagne qu'après le traité de Ryswick que fit restituer à la France Strasbourg et d'autres villes rhénanes. Dans l'expédition d'Italie, en 1701, il déploya une prodigieuse valeur à la bataille de Chiari livrée par le maréchal de Villeroi au prince Eugène. Le 29 janvier 1702, élevé au poste de brigadier de dragons et maintenu dans l'armée transalpine, il laissa son cheval au combat de San Vittoria et des traces de son sang à Luzzara. Il participa, en outre, puisssamment à la prise de Bergo Foté. Créé maréchal de camp le 10 février 1704, il enleva le château de Robio et détermina par ses attaques habiles la reddition de Verceil, d'Yorcé et de Veruc (1). Cette existence périlleuse fut couronnée par une blessure mortelle que le guerrier gascon reçut à Cassano (2). La fille de ce héros donna à Jean de Saint-Gresse une nombreuse postérité :

1° JOSEPH DE SEN-GRESSE, seigneur de Merens et de Saint-Mézard, dont la fortune, en l'absence d'héritiers directs, incombera à son neveu Jean fils du suivant :

(1) *Journal judiciaire de Condom*, n° du 20 août 1839. *Histoire des officiers de la couronne*, *Commentaires* DE MONTLUC, LA CHESNAYE DES BOIS, etc., DE COURCELLES.

(2) Blaise de Biran, avant sa mort, avait inscrit son gendre sur son testament pour une rente de 1,500 livres qui était naguère encore servie à la famille de Saint-Gresse.

2° Jean qui poursuivra la descendance;

3° Jean-François-Jacques de Sen-Gresse, seigneur de Lagarde, qui tint d'abord garnison à Strasbourg, devint officier dans le régiment de Souvré (infanterie), et qui, en 1756, se distingua sous la maréchal de Richelieu au siége de Mahon, en montant le prmier à l'assaut (1). Il fit cession d'une rente annuelle à son frère Joseph le 6 mai 1769;

4° Alexandre de Sen-Gresse, chevalier de Merens, capitaine au régiment de Ségur (2). En novembre 1784, il préluda à son dernier soupir par le partage de sa succession entre Joseph de Saint-Gresse Merens son frère et ses neveux les fils de Jean;

5° Marie de Sen-Gresse, épouse de noble Jean de Sarrau (3).

L'aîné, Joseph de Saint-Gresse, écuyer, seigneur de Merens, s'allia le 23 mai 1736 à Marie d'Aux (4) fille de Simon-Pierre d'Aux, onzième, patron lai de l'église collégiale de La Roumieu et de Marguerite de Fins. Devenu veuf de sa première femme, qui lui avait donné un enfant, Joseph de Saint-Gresse se remaria avec demoiselle Fran-

(1) *Archives du château de Saint-Aignan.*

(2) Il prit sa retraite et vint habiter Réjaumont.

(3) Règlement de succession qui appartient aux mêmes archives.

(4) *Mémoires généalogiques de la maison d'Aux de Lescout, dressé sur les actes originaux et titres existants au cabinet du Saint-Esprit*, 1788, in-4°, page 29.

çoise de Seissan de Marignan, fille de Jean-Bernard Seissan de Marignan (1), baron de Marseillau, juge-mage, président de la Cour présidiale d'Auch, et de l'élection d'Armagnac. Sa sœur Jeanne fut l'aïeule du général De Solles dont la fille Héléna épousa, sous la Restauration, le comte Jules de Larochefoucault, duc d'Esclignac. Le frère aîné de Thérèse fut sous-intendant de la généralité d'Auch.

Le 19 juillet 1748, Messire Joseph de Saint-Gresse, seigneur haut-justicier de la terre de Merens en Fezensaguet,

(1) L'origine de cette famille est assez curieuse pour que nous nous permettions de la rapporter ici.

Quelques états de l'Italie ont été de tous les temps épris d'un amour infini pour la France. Au déclin du xve siècle, la République Florentine broda des fleurs de lis sur sa bannière. Des hymnes d'enthousiasme accueillirent François Ier comme Charles VIII, quand il descendit les Alpes impatiemment attendu par le vieux bâtard des Orsini, le bouillant Alviano, chef des forces Vénitiennes et par la plupart des familles Milanaises en tête desquelles s'avançait celle de Marignan qui avait donné un pape à la chrétienté. Les membres de cette maison qui reçurent le successeur de Louis XII comme le sauveur prédit par Savonarole étaient conduits par l'un d'eux, homme de guerre habile et expérimenté. Plus tard, à la sollicitation de Charles-Quint qui lui confia le commandement de son armée, dans le nord de la Peninsule, il abandonna notre drapeau; mais ses cousins lui restèrent fidèles. L'un d'eux même, séduit par ce vaillant et aimable roi de vingt ans qui, dans les batailles, prenait sa part de coups et de fatigues, et qui trouvait des sourires et des paroles d'espérance au milieu des plus grands périls, le suivit à Pavie. Après la désastreuse défaite et la captivité de son souverain adoptif, voulant épargner à son épée la honte de servir le vainqueur, il vint se jeter au rivage de la France et se fixer dans le midi où il fonda la lignée qui nous occupe. Cette tradition a été sanctionnée depuis par la bouche du marquis de Melegnano qui, durant son séjour à Paris, affirma fréquemment sa parenté avec ses homonymes de Gascogne. Les armes de Marignan sont : *un oranger de sinople sur champ d'argent; en chef, deux merlettes d'argent, becquées et membrées de gueules et un cœur d'or sur fond d'azur — couronne de comte.*

fut admis, après avoir fourni son dénombrement devant le Parlement de Navarre, à rendre hommage au roi pour ladite Seigneurie (1).

Joseph de Saint-Gresse était maire à l'époque où M. d'Etigny rénovait notre province. Le noble intendant fut traversé dans ses nobles projets par les intrigues de l'Archevêque et l'ingratitude de ses administrés. Il lutta dix ans contre les résistances, ayant pour auxiliaire le chef de la municipalité auscitaine qui coopéra à toutes les améliorations locales avec une grande intelligence et un grand civisme. Les délibérations communales de cette époque proclament son action bienfaisante et son amour du bien public (2).

Le 17 avril de la même année, un accord fut signé entre lui et son beau-frère Jean-Jacques d'Aux, seigneur de La Bernède, chevalier de l'Ordre militaire de Saint-Louis et major au régiment de cavalerie de Salmées. L'acte fut retenu par Mauroux, notaire de Montréal, sénéchaussée d'Auch. Joseph avait le 21 février 1724 arrondi l'héritage paternel par l'acceptation de la terre de Saint-Mezard que

(1) Le testament qui fait partie des papiers généalogiques de la famille de Saint-Gresse débute ainsi : *Je soussigné, noble Joseph de Sen-Gresse, seigneur de Merens, habitant dans mon château de Merens, considérant l'incertitude de l'heure de la mort et craignant d'en être prévenu sans avoir réglé mes affaires et disposé de mes biens, j'ai fait écrire par une personne à mon affidée*, etc.

(2) *Archives de la ville d'Auch. — Histoire de cette ville*, par P. Lafforgue, tom. Ier, pag. 305.

lui avait légué Bernard Jourdain. Il désintéressa ses frères et réintégra dans le patrimoine le lot de chacun (1).

Le fils de Marie d'Aux étant descendu dans la tombe sur le seuil de la vie, et la seconde épouse ayant été inféconde, Joseph de Saint-Gresse institua, pour héritier universel, Jean de Saint-Gresse, cadet de son frère. Le neveu avait épousé une nièce de sa tante, c'est-à-dire une Seissan de Marignan. L'oncle, dans le testament rédigé avec un grand scrupule, exprime le vœu d'être inhumé dans l'église de Merens, sa paroisse et confie à son épouse le soin de régler les honneurs funèbres Le lendemain de son décès devait commencer un service annuel pour le repos de son âme. La série des messes fondées par lui se divisait en deux lots, une moitié devait être dite par le curé de Peyrusse et le vicaire de Merens, l'autre par les RR. PP. Récollets de Notre-Dame de Rozès. Sa piété lui inspira divers legs destinés à l'établissement d'un chapelein éligible par son épouse ou son successeur désigné. Le prêtre avait la faculté de résider au château, et dans le cas où ce séjour ne serait pas à sa convenance, il aurait le droit d'habiter la maison que le testateur possède au village de Merens et de jouir des fruits du jardin qui entoure cette demeure. D'après ses volontés posthumes, ses domestiques reçurent le jour de sa sépulture un supplément de gages, et la chapelle de Garaison ainsi que le couvent de Sainte-Ursule

(1) *Archives du château de Saint-Aignan.*

furent gratifiés de dons et de rentes (1). Il ne trépassa qu'en 1787.

IX

Jean de Saint-Gresse, Ve du nom, chevalier, eut pour apanage la seigneurie d'Ardenne. Le 19 août 17.... fut signé son pacte matrimonial avec demoiselle Marie-Anne de Prialé, fille du seigneur de Prialé et de Catherine-Angélique de Routin. La femme apporta dans la maison conjugale une dot de 4,000 écus (2).

X

JEAN DE SAINT-GRESSE, VIe du nom, chevalier, seigneur d'Ardenne, s'unit, au mois d'août 1767, à Marie-Ursule de Seissan de Marignan. Il fut légataire universel de son oncle Joseph qui lui transmit la seigneurie de Merens. Il rendit un dernier hommage à la couronne comme haut, moyen et bas justicier de cette terre et de celle d'Ardenne (3). Dans cette dernière, il était paréager avec le roi.

(1) *Archives du château de Saint-Aignan.*
(2) *Id.*
(3) *Id.*

Il fut avec le baron de Gelas, en 1786, l'héritier des demoiselles Ferron. Il laissa de bonne heure sa femme dans le veuvage. La révolution la surprit au milieu de lourdes charges domestiques. Sa famille était fort nombreuse puisqu'elle comprenait, en sus des deux aînés, réfugiés à Coblentz, les enfants et les filles dont la nomenclature suit :

1° Françoise de Saint-Gresse ;

2° Paule de Saint-Gresse ;

3° Jeanne-Victoire de Saint-Gresse ;

4° Françoise-Louise de Saint-Gresse ;

5° Rosalie de Saint-Gresse ;

6° Joseph de Saint-Gresse ;

7° Joséphine-Marguerite de Saint-Gresse ;

8° Paul de Saint-Gresse.

La tutelle avait été confiée à leur oncle de Marignan (1).

XI

JEAN-BERNARD DE SAINT-GRESSE, né le 13 mai 1770, fut admis en 1781, après la production des quar-

(1) *Archives du château de Saint-Aignan.*

tiers de noblesse exigibles à l'école militaire, d'où il passa comme officier au régiment de Foix. Nommé chevalier de Saint-Louis, il fut investi des insignes par le général du Bouzet, en qualité de cousin.

Quand sonna l'heure tragique de 93, il émigra avec son frère Gaspard. La désertion du sol français entraînant la confiscation des biens, toutes leurs possessions d'Ardenne, de Merens, d'Auch, furent converties en domaines nationaux et vendus comme tels (1).

Le rôle militant de Bernard dans l'armée de Condé lui valut une exécution pleine et rigoureuse de la saisie. Repatrié en 1809, il contracta une haute alliance avec Octavie-Pétronille de Gironde, fille du comte de Gironde et d'Olympe de Marmiesse. Cette union l'introduisit dans une des plus illustres familles du Midi. Son histoire résumant en partie celle de la Guienne, nous avons cru instructif de jeter un coup d'œil synthétique sur le passé de cette antique maison. Le lecteur trouvera notre étude aux notes supplémentaires lettre (*d*).

(1) *Archives départementales du Gers.*

III

BRANCHE DE SÉRIDOS.

Bernard de Sen-Gresse, Sr de Séridos, entra, comme homme d'armes, dans la compagnie de Mr de Montluc. Le généralissime catholique, appréhendant la chute de Lectoure aux mains des huguenots, et jaloux de prévenir un tel échec pour son honneur et celui de sa cause, avait assigné secrètement, au Saint-Puy, un grand nombre de gentilshommes, entre autres M. de Verduzan, sénéchal de Bazadais, M. de Saint-Orens, son frère, Tilladet, etc. Seuls, les sieurs de Séridos et de la Vit, avec les enfants de M. de Beraut, furent présents au rendez-vous (1). Henri IV, comme tous les grands politiques, négligea ses amis pour rallier ses ennemis. Aussi fut-il, quelquefois, avare envers les uns et généreux envers les autres : il gorgea Mayenne, tandis que ses largesses à l'égard de d'Aubigné ne se manifestèrent que par l'offrande d'un portrait sur carton ; cette ingratitude autorisa le vieil historien religionnaire à mettre son dépit dans ce quatrain :

Ce prince est d'étrange nature,
Je ne sais qui diable l'a fait ;
Ceux qui le servent, en effet,
Il les récompense en peinture.

(1) *Commentaires de M. de Montluc*, tom. III, p. 268.

Cette tactique avait détaché des rangs de la ligue beaucoup de ceux qui n'étaient pas. fanatiques. En 1572, le vaillant de Seridos avait quitté le vieux reître pour venir mettre son cœur et son bras à la merci du monarque béarnais. Montluc lui donna, le 1er février 1571, l'ordre de se porter sur Casteljaloux, et pour que sa marche ne fût nullement entravée, il lui délivra ce passeport.

Le SEIGNEUR DE MONLUC MARESCHAL DE FRANCE;

A tous cappitaines et conducteurs de gens de guerre tant de cheval que de pied, gouverneurs des villes, gardes des ponts, peaiges, passaiges, maires, jurats, consuls et tous aultres qui ces présentes verront, mandons et ordonnons que le capitaine Cerido avec sa compagnie soit reçu à la ville de Casteljalovx. Vous les laisserez passer, aller, venir librement, sans quil leur soit fuict ou donné aulcun empêchement. D'Agen, le 1er février 1571 (1).

Signé : MONLUC.

M. le vicomte de Turenne, qui professait grande estime pour Bernard de Séridos, la traduisit sous la forme d'une sauvegarde qui abritait contre les voleries soldatesques la famille qui en était nantie :

(1) *Archives du château de Saint-Aignan.*

LE SEIGNEUR VICOMTE DE TURENNE, COMTE DE MONTFORT, CAPPITAINE DE CINQUANTE LANCES DES ORDONNANCES DU ROY, COMMANDANT GENERALLEMENT POUR LA CONSERVATION DE SA COURONNE, BIENS, REPPOS ET IMMUNITÉS DE SES SUBJETS TANT DE LA RELIGION REFORMÉE QUE CATHOLIQUE ÈS TOUS LES PAYS DE GUIENNE, FOIX ET HAUT LANGUEDOC., PAR AUCTORISATION ET EN L'ABSENCE DE MONSEINEUR.

A tous généraulx provinciaulx, gouverneurs particulliers, cappitaines, sous lieutenants et aultres chefs, et conducteurs de gens de guerre, consuls, justiciers, officiers et à tous aultres qu'il appartiendra, salut : NOUS VOUS MANDONS *de ne loger, ny permettre estre logé, aucuInes compaignies ou gens d'icelles en la maison et biens de noble Bernard de Sérido qu'il a en Gascoigne n'y en icelle prendre ou fourrager aulcuns vivres, victuailles ny aultres choses quelconques; car pour aulcunes justes et raisonnables considérations nous l'avons exempté et exemptons par les présentes de tout logement de gens de guerre, et iceluy prenons et mettons en la protection et sauvegarde du roy monseigneur, et même ensemble la famille et biens quelconques. En témoignage de quoy nous avons signé ces présentes de notre main et faict mettre le scel de nos armes. Bergerac, le 15 février 1575* (1).

Signé : TURENNE.

Deux ans plus tard environ, il était rémunéré de son

(1) *Archives du château de Saint-Aignan.*

dévouement par une gratification royale dépêchée en ces termes : *Aujourd'hui, quinzième jour de febrier, l'an mil cinq cens soixante-dix-sept, le roy de Navarre estant à Agen, inclinant libéralement à la supplication et requête que faicte luy a esté par le s*r *de Cerido et ayant esgard aux laborieux et recommandables services qu'il luy a faicts et espère qu'il luy fera à l'advenir, luy a faict don du nombre et quantité de soixante pippes de bled et cinquante pippes de vin, qui sont des fruicts de l'abbaye d'Eysses. En témoignage de quoy, Sa Majesté m'a commandé luy expédier le présent brevet, qu'elle a signé de sa main et faict contresigner par moy, secrétaire d'Etat de ses finances* (1).

HENRY.

LALLIER.

M. de Matignon, lieutenant-général en Guyenne, lui concéda également une sauvegarde en 1592. Le maréchal de France y prohibe l'introduction de troupes dans la maison, les métairies, les moulins et les domaines du sieur de Séridos (2).

(1) *Parchemin* des mêmes archives produit dans les preuves de noblesse faites, en 1696, devant l'intendant de Guienne.

(2) Bernard de Séridos fut honoré de trois autres sauvegardes, l'une conférée par le roi le 24 avril 1592, et les deux autres du 14 novembre de la même année, accordées par M. de Tarride, commandant pour Sa Majesté en Guienne. Ces quatre documents sont conservés aux archives du château de Saint-Aignan.

Parmi les personnages qui rehaussèrent de leur assistance la fête célébrée au château de Beaumont, en Condomois (1er novembre 1594), à l'occurrence du mariage de noble François de Massencome, seigneur de ce lieu, avec Jeanne de Bezolles, le document notarié cite Bernard de Sen-Gresse, ainsi que Jean de Narbonne, seigneur de Talleyrand et de Clermont, noble Hérard de Grossolles, seigneur de Montastruc, Messire Amalric de Narbonne, marquis de Flamarens, noble Jacques de Salles, seigneur de Mons, noble Bertrand de Montesquiou, seigneur de Pouyloubrin ou Pouyloubon (1).

Bernard de Sen-Gresse s'était allié avec demoiselle Quitterie de Pins, sœur de noble Hérard de Pins, seigneur du Bourg, en Gaure, et conseiller du parlement de Languedoc (2). D'eux provinrent les sept enfants que voici :

Aîné. — Jean, qui n'aura pas de postérité.

Deuxième. — Jean-Alexandre, qui poursuivra la descendance,

Troisième. — Charlotte, qui s'unit à Jean de Labat, écuyer; l'acte fut formulé par Gui du Luc, tabellion de Bezolles, le 11 février 1594 (2).

Quatrième. — Alix devint, le 15 août 1597, femme de

(1) *Collection manuscrite connue sous le nom de Glanage de Larcher*, tome X, pages 309 et 310; bibliothèque de Tarbes.

(2) *Archives du département des Hautes-Pyrénées*, série EE.

messire Raymond Aulin, lieutenant du sénéchal d'Armagnac. La convention matrimoniale (1) fut scellée au château de Bourg. La cérémonie réunit un grand nombre de proches, tels que : noble Hérard de Pins, seigneur de La Sauvetat, Marguerite de Pins de Puységur, noble Jean de Castanet, seigneur de Causégué, et son frère Pierre, seigneur de la Coupète.

Cinquième. — Rénée, conjointe une première fois, le 7 janvier 1593, avec noble Jacques Menaud de la Brana, écuyer; une deuxième, avec Pierre de Pons, de Puycasquier (2).

Sixième. — Françoise agréa pour mari J. Francois Morlan, conseiller au présidial de Lectoure.

Septième. — Marguerite, sa sœur, accepta noble François de Lagardère (3).

Jean II de Sen-Gresse, Sr de Séridos, passa comme capitaine dans le régiment de M. le vicomte de Pardaillan. Plusieurs commissions lui furent confiées par Louis XIII, entre autres celle du 11 juillet 1620, par laquelle il fut

(1) Le contrat fut passé par Isaac Barascon, notaire de Cézan.

(2) Par devant Lausère, notaire à Montfort.

(3) L'acte de Françoise fut retenu par Labrère, notaire à Mourède, et celui de Marguerite, par Jean Lacoste, notaire de Valence. Toutes ces indications sont puisées aux *Archives de la Préfecture des Hautes-Pyrénées*, ou prises dans les actes de mariage, controlés par M. de Rabasteins, qui enrichissent les archives du château de Saint-Aignan.

chargé d'aller en Languedoc, recruter une compagnie destinée à M. de Gondrin, maréchal des armées du roi (1). Un mandat analogue lui fut donné le 26 octobre 1627 (2).

Deux femmes s'étaient succédées dans son affection. Aucune ne goûta les joies de la maternité. L'une, Miramonde de Sen-Pastous, fut inscrite sur le livre paroissial des mariages, le 28 avril 1602 et sur le registre obituaire, le 1er novembre 1629 (3). Jeune encore, mais sentant la mort à son chevet, elle ordonna de porter son corps dans l'église des Cordeliers de Vic-Fezensac, et de le déposer à la droite du sépulcre de sa grand'mère et marraine, Miramonde de Batz. Elle avantagea de 2,000 écus Supérie d'Aymier, veuve de noble Hector de La Sudrie, sr de Campanès. Tandis que Aimée de La Cassagne, Françoise d'Aymier, Gabriel d'Aymier sr d'Arquès et noble Bertrand de La Cassagne sr de Saint-Pau, les unes ses nièces et les autres ses neveux, ne recueillirent individuellement que 300 écus. Son légataire universel fut Henri de Sen-Pastous.

Jean de Sen-Gresse convola en seconde noces avec Antoinette du Bernard du Brana qui fut également stérile (4).

(1) *Inventaire contrôlé par M. de Rabastens.*
(2) *Archives du château de Saint-Aignan.*
(3) *Archives du dép. des Hautes-Pyr. Manuscrit de Larcher.*
(4) *Id.* *Id.*

V

JEAN-ALEXANDRE DE SEN-GRESSE se trouva investi des titres et des biens seigneuriaux par la transmission de son aîné. Il avait été attaché dès sa jeunesse au service de Catherine, digne sœur d'Henri IV, qui gouverna les Etats de Béarn pendant que son frère bien-aimé allait affronter, souriant, les périls des batailles. Docile à la voix du roi de Navarre, devenu roi de France, un beau jour elle quitta la gracieuse retraite de Castelbeziat (1) pour s'acheminer vers Paris. Le bon peuple Béarnais se remémorant le terrible voyage de la reine Jeanne à la cour des Valois, sanglotait en recevant les adieux de sa fille. Une femme craignant aussi un départ sans retour, s'avança vers elle, et lui dit : *Ah ! Madamo, pla vedem l'anado come de voste mai; mès nou veyam pas la tournade* (2). Ce sombre présage augmenta l'émotion de la foule et de la princesse qui vint subir, à Monceaux, l'époux que le vainqueur d'Ivry lui imposa. Celle qui avait dédaigné tant de puissants solliciteurs : Henri III, Philippe II, Jacques Stuart, soucieuse, avant tout, de complaire à son frère, ne repoussa

(1) Le gracieux édifice de Castel-Beziat, avait été construit dans la partie la plus touffue du château de Pau, par la reine Jeanne. Sa fille en fit le sanctuaire d'une vie chaste et studieuse.

(2) *Histoire de Jeanne d'Albret*, par Mlle de Vauvilliers, t. XI, p. 461, 462 et suivantes.

point Henri de Lorraine, duc de Bar et marquis de Pont à Mousson. Elle consentit à l'accompagner et à s'établir avec lui à Nancy. Toutefois, pour adoucir ses ennuis nostalgiques, elle amena les fidèles gentilshommes qui la servaient en Béarn (1). L'un des plus affectionnés était Jean-Alexandre de Sen-Gresse. Durant la maladie qui l'assaillit au printemps de 1603, elle lui témoigna gratitude de son zèle par le don de la chapelle d'Ibos, en Armagnac. Voici la copie littérale du document qui relate cette offrande : *Nous, Catherine, sœur unique du roi, princesse de Navarre, duchesse de Bar et d'Albret, comtesse d'Armagnac et de Rhodez, etc., avons accordé audit sieur de Séridos, l'ung de nos gentilshommes servans la chapelle d'Ibos en nous nommant et présentant personne capable pour la tenir et desservir. En tesmoing de quoi nous avons signé les présentes de notre main et icelles fait contresigner par l'ung de noz conseillers-secrétaires, auquel nous avons commandé d'en expédier sur icelles toutes lettres et provisions nécessoires.*

Donné à Nancy, le 25 apvril 1603. CATHERINE. — *De Mercilly* (2).

Alexandre de Sen-Gresse rentra dans son pays où il obtint, le 22 octobre 1603, de noble Ogier du Plessis,

(1) *Inventaire dressé par M. de Rabastens, juge d'armes*, etc.

(2) *Archives du département des Hautes-Pyrénées. Manuscrit de Larcher*, série EE.

la main de Violante, sa fille. A la solennité nuptiale concoururent noble Bernard de Sen-Gresse père, noble Besian de Floran, seigneur de Bétous, noble Antoine de Blanin, sieur de la Peyrie et noble Bertrand du Coussol (1), sieur d'Esparsac (2).

Violante donna le jour à :

1° Jean, qui va revenir en tête du cinquième degré;

2° Jacques, dont le destin est ignoré;

3° Jeanne, qui épousa noble Antoine de Gourgues, rejeton de cette antique souche qui donna des magistrats illustres aux parlements de Bordeaux et de Paris, et un grand marin à la France. Ce dernier, Dominique de Gourgues, fut le conquérant de la Floride et le vengeur de ses compatriotes et co-religionnaires lâchement exécutés par Pedro Malendez de Avilés, le farouche lieutenant du sombre Philippe II.

De bonne heure en deuil d'Antoine, Jeanne régularisa sa situation vis-à-vis de l'héritier de celui-ci, par un compromis, et se remaria avec Jean de la Sudrie, s^r de Campanès (3).

(1) Les descendants de cette famille résident à Casaubon.

(2) *Archives du département des Hautes-Pyrénées.* — *Manuscrits de Larcher*, série E E.

(3) *Id.* *Id.*

4° MARGUERITE.

5° FRANÇOISE, qui commença son noviciat, le 9 septembre 1648, dans le couvent de Notre-Dame du Refuge de Toulouse. Elle ne paraît pas avoir persisté dans sa vocation claustrale, car, le 16 décembre 1659, elle réclama ses droits qui s'élevaient à 2,000 écus (1).

VI

JEAN III DE SEN-GRESSE, seigneur de Séridos, Pascau et Laubadère (*a*), obtint de bonne heure le crédit de Louis XIII, qui lui donna mission d'opérer l'enrôlement de 100 hommes. La délégation souveraine fut promptement exécutée et les recrues enregimentées sons le commandement du marquis d'Ambres, en février 1628 (2). L'année postérieure, l'alimentation des troupes était devenue impossible par suite des embarras du trésor et de la misère du pays de Languedoc, Jean de Saint-Gresse, entretint généreusement la compagnie avec ses ressources personnelles, il fut plus tard indemnisé par la cession de quelques revenus dans le diocèse de Lavaur. Le duc d'Epernon, alors colonel général de France et gouverneur

(1) *Archives du département des Hautes-Pyrénées.*
(2) *Archives du château de Saint-Aignan.*

de Guienne, qui avait sollicité pour son lieutenant cette compensation, adressa, le 3 septembre 1830 aux citadains de Valence l'inhibition ci-après (*b*) : *Nous mandons et ordonnons aux consuls et habitants du lieu de Valence de recepvoir et loger pendant troys jours, tant seullement, les compagnies des s*[rs] *de Lauraët, de Séridos, de Gatan, de Foy, de Poumès, au régiment du marquis d'Ambres, pendant les troys jours en payant selon l'ordre et ceux du roy les vivres qui leur seront fournys, et après le dict temps expiré les cinq compagnies deslogeront du dict lieu pour s'en aller en Languedoc joindre le corps du régiment par la route qui leur en sera par nous donnée. Mandons aux capitaines et officiers des dites compagnies de tenir la main à ce qu'il soit par leurs soldats commis aulcun desordre, excès ny violences sous peine d'en répondre en leur propre nom.*

Fait à Montauban, le 3 septembre 1630.

JEAN LOUIS DE LAVALETTE,

Et plus bas **GÉRARD** (1),

ce titre original porte le sceau volant du duc d'Epernon.

De Pascau pénétra très-avant dans l'intimité du duc de Lavalette, qui faisait grand état de son cœur et de son in-

(1) *Archives du château de Saint-Aignan.*

telligence. Dans toutes les occurences difficiles le gouverneur de Guyenne recourut à ses conseils et à son expérience. Diverses délégations politiques furent remplies avec une rare habileté par M. Séridos. Aussi le duc lui prodigua t-il dans cet ordre, qui est doux comme une prière, une cordialité dont il était habituellement avare.

Monsieur ayant besoing de vostre assistance en cette affaire importante quy m'est depuis peu survenue : Je vous fez assigner pour vous prier de me le dapartir et pour cet effect à vous en venir me trouver en ceste ville le plus dilligemment qu'il vous sera possible. Je me promets que vous m'accorderez vollontiers ce tesmoignage que j'attends de votre amitié en ceste occasion comme vous vous pouvez assurer que je la recognoistray par tous les moyens qui me seront offerts à vous temoisgner en revanche l'affection avec laquelle je suis.

Votre plus affectueux amy à vous servir.

LOUIS DE LAVALETTE (*b*).

Bourdeaux, x juin 1655.

Dans un rôle où le marquis d'Ambres fixe le rang que doivent observer les compagnies de son régiment, il place immédiatement après la *mestre de camp* celle de M. de Séridos, comme le plus ancien gentilhomme, et non pas comme le vétéran de ses officiers.

Voici dans quel ordre elles étaient disposées :

1° La mestre de camp.

2° M. de Séridos.

3° M. de Puginères.

4° M. le baron de La Roque Ferrière.

5° M. de Goirans.

6° M. de Poumès.

7° M. le baron de Maras.

8° M. de Lassalle.

6° M. de Berger.

10° M. de Maurens.

11° M. Dausetz.

12° M. de Ribonet.

13° M. de Saint-Léon.

14° M. de La Roi (1).

Le marquis d'Ambres lui décerna un certificat d'héroïsme, dans lequel il attesta, que Jean de Saint-Gresse avait bravement affronté la mitraille (2).

(1) *Archives du château de Saint-Aignan*. Ce document est signé par le baron d'Ambres et vidimé par M. de Rabastens.

(2) *Idem*.

Au lendemain des luttes et des razzias intestines, les troupes avaient naturellement conservé leur pratique de rançonnement et de rapine. Dans les villes où elles étaient cantonnées, elles s'engraissaient d'habitude en affamant les habitants. Les municipalités soucieuses des intérêts urbains, ne croyaient jamais payer trop cher la dispense de recevoir les compagnies. Celles qui n'avaient pas les ressources nécessaires pour acheter leur éloignement, avaient la certitude d'être tondues jusqu'au sang. Les gens de boutique surtout étaient littéralement dévorés. Dans beaucoup de provinces, la bourgeoisie n'en pouvait plus; aussi avait-elle en grande vénération les chefs dont la vigilance réfrénait la brutalité soldatesque. M. de Séridos, pendant son séjour à Marseillan (1), reçut des gages flatteurs de la reconnaissance publique, pour avoir fait religieusement respecter les choses et les personnes. Les consuls de la petite cité languedocienne, interprètes du sentiment unanime, lui apportèrent à son départ des congratulations écrites, dont ses arrières-neveux, qui les possèdent encore, ont le droit de se montrer jaloux (2). Il était capitaine au régiment de Roquelaure, lorsqu'il fut

(1) Marseillan, ville de l'Hérault, était un centre commercial assez important par ses salines et ses pêcheries.

(2) Voici ce titre : *Nous, consuls de Marseillan, tant pour nous que pour les autres habitants du présent lieu, certifions et attestons à tous ceux qu'il appartiendra comme M. Séridos, capitaine d'une compagnie des gens de pied pour le service du roy, et dans le régiment du marquis d'Ambres, a logé sans que les officiers et les soldats ayant faict aucun ravage, ni désordres, etc.*

convoqué au ban d'Armagnac, ce qui était une injustice, puisqu'il était depuis longtemps au service. Il adressa une plainte à Henri de Bourbon (1), qui reconnut la légitimité de sa demande et lui donna une exemption conditionnelle. Le réclamant devait rester sous les armes durant la campagne de 1639 (2).

Le seigneur de Pascau, la figure balafrée de glorieuses cicatrices et le bras fracassé par une mousquetade, rentra dans la maison des ses pères. Il contracta deux unions : la première (15 août 1633), avec Supérie d'Aymier (3), dont le père, Bernard d'Aymier, possédait le fief d'Arquès, juridiction de l'Isle-en-Jourdain. Des liens de parenté existaient déjà entre les deux familles, car Amade de Saint-Pastous de Boussas, mère de l'épouse était, comme nous l'avons dit, belle-sœur d'un autre Jean de Sen-Gresse, oncle de l'épouse (4). Supérie, sa nièce, était entrée dans

(1) Le même prince étant à Narbonne, le 7 novembre 1661, lui décerna un certificat qui relate les bons et fidèles services du seigneur de Pascau. Cette pièce est signée : *Henri de Bourbon*, et contresignée : *Perrault*. *Archives du château de Saint-Aignan.*

(2) Inventaire contrôlé par M. de Rabastens. *Archives du château de Saint-Aignan.*

(3) Supérie était sœur de Gabriel d'Aymier, de Miramonde, religieuse de Sainte-Ursule de Toulouse, et de Françoise, épouse du seigneur de Monthaset. (*Archives départementales des Hautes-Pyrénées, cahiers manuscrits de Larcher,* série E E.)

(4) C'est le 16 novembre 1617 que fut célébré le mariage de Supérie avec H. de La Sudrie. Celui-ci était fils de noble de La Sudrie et de demoiselle Marguerite de Faudoas Avensac. Parmi les assistants à la cérémonie nuptiale figuraient Antoine Faudoas, seigneur d'Avensac, noble Jean de Pins, seigneur

un veuvage prématuré par la mort de son premier mari, Hector de la Sudrie, seigneur de Campanès en Condomois (1). Elle ne vécut pas longtemps avec le second (2), que nous trouvons quelques années après renouvelant ses noces avec Marie du Bouzet (3), née de noble Pons du Bouzet (4) et de Catherine de Laurière. Celle-ci était fille de Marie de Fabas et de Blaise Laurière, seigneur de Moncaup (5), Sainte-Pesserre et autres lieux, gentilhomme ordinaire de la chambre du Roi, ex-gouverneur de la place de Layrac. La deuxième alliance de Jean de Sen-Gresse, avec Marie du Bouzet, fut solennisée par la présence du baron et de la baronne de Moncaup, ses aïeuls maternels, et par celle de noble Henri du Bouzet, seigneur de Cauderot, son oncle, de Blaise du Bouzet, seigneur de Ligardes, son frère (6), et de messire Jean de Faudoas, seigneur de Sérillac, lieutenant du Roi dans la ville et citadelle de Sommières.

de Puységur, etc. Le contrat fut rédigé par Maumus, notaire à l'Isle-en-Jourdain.

(1) Cette terre est encore aujourd'hui la propriété des La Sudrie.

(2) Supérie qui avait eu un fils (Jean-Antoine) d'Hector La Sudrie, n'en donna pas à Jean de Sen-Gresse. Aussi à sa mort, survenue en 1641, transmit-elle tous ses biens à l'enfant issu de son premier époux.

(3) *Archives départementales des Hautes-Pyrénées*, *cahiers manuscrits de Larcher*, série EE.

(4) Pons du Bouzet était seigneur de Las Bousigues, de Doazan et co-seigneur de Ligardes.

(5) Moncaup, près de La Plume en Brulhois.

(6) Elle avait encore un autre frère et trois sœurs qui se nommaient : Joseph, — Jeanne, — Henriette, — Bertrande.

Le seigneur de Pascau vendit la terre de ce nom, par lequel il était particularisé dans sa famille, à noble Bernard de Pardeillan, sieur de la Couture, qui s'en dessaisit neuf ans après au profit de noble Antoine de Ferragut, seigneur de Pujos et de Ginhan. L'acte fut retenu par Barron, notaire à Lagraulas (1).

Le s[r] de Pascau était cousin germain de Du Plessis, s[r] de Laubadère et aide-major du second bataillon du régiment de Champagne.

Du second lit provinrent :

1° Blaise qui fut baptisé par Bonnefond, curé de Castelnaouet, le 19 avril 1648; il fut lieutenant du prince de Condé;

2° Joseph Sen-Gresse, qui suit;

3° Philippe, connu sous le nom de *chevalier de Séridos* (2).

VII

JOSEPH DE SAINT-GRESSE, seigneur de Séridos, de concert avec Jean de Merens, son cousin, fit enregistrer

(1) *Archives départementales des Hautes-Pyrénées*, série E E.
(2) *Id.*

ses armes à l'Armorial où elles furent inscrites et auquel nous les avons empruntées pour les placer en tête de notre notice. De son mariage avec demoiselle Anne Arnaud dérivèrent :

Jérémie qui lui succédera (1);

Bernard, sieur de La Mothe;

Marguerite, affligée de cécité presque dès sa naissance;

Anne Dorothée qui embrassa la profession religieuse et vint se cloîtrer dans le prieuré de Vopillon en Condomois, ce monastère dépendait de l'ordre de Fontrevault (2).

VIII

JÉRÉMIE DE SAINT-GRESSE, épousa, le 1er septembre 1727, demoiselle Marie-Anne de Seviac de Verduzan (3), fille de messire de Verduzan et de dame de Cours de Monlezun. Sa progéniture, en 1740, se composait.

1° De Bernard qu'un trépas prématuré enleva quelques

(1) *Archives du département des Hautes-Pyrénées*, série E E.

(2) *Id.* *Id.*

(3) *Id.* *Id.*

années avant 89. Il fut le dernier rejeton de cette vieille souche;

2° D'ELISABETH,

En enfin d'une fille qui mourut en bas âge.

Les Saint-Gresse Merens auraient pu dès-lors s'assimiler très-légitimement le nom de Séridos, mais le leur étant très-notoire, ils négligèrent cette appropriation. Par l'éclipse de la ligne aînée, la cadette hérita de ses traditions et de ses souvenirs. M. Octavien de Saint-Gresse est aujourd'hui le représentant des deux branches dont la longue existence fut presque exclusivement consacrée au métier des armes.

NOTES

NOTES

ET PREUVES SUPPLÉMENTAIRES.

(*a*) Pag. 00. Les Nicolay, comtes de l'Empire, ont des armes identiques a celles de la maison de Saint-Gresse, car ils portent : *d'azur au lévrier courant d'argent, accolé de gueules et bouclé d'or.*

(*b*) Pag. 00. Cette terre de Bière, voisine de Lauraët, dans le Condomois, appartenait à une branche de l'ancienne maison de Béon La Pallu, originaire du Béarn. Les manuscrits de Larcher le signalent à chaque page. La branche cadette établie en Gascogne, possédait les fiefs de Bière, Verduzan et Antras.

(*c*) Pag. 00. Le duc d'Epernon avait déjà donné, en 1627, au Sr de Pascau commission de recruter une compagnie à Valence-sur-Baïse, avec responsabilité des actes de ses soldats, comme on peut le voir par le titre suivant extrait des archives de Saint-Aignan :

LE DUC D'EPERNON, PAIR ET COLONEL GÉNÉRAL DE FRANCE, GOUVERNEUR ET LIEUTENANT GÉNÉRAL POUR LE ROY EN GUYENNE.

*Il est mandé et ordonné aux consuls, manants et habitants du lieu de Valence, de recepvoir et loger la compagnie du S*r *de Seridos, capitaine d'une compagnie du régiment de M. le marquis d'Ambres, auquel nous avons permis de faire audit lieu la levée et assemblée de ladite compagnie, et de lui fornir et administrer durant six jours les vivres nécessaires, à raison de six sols par jour, moyennant quoy lesdits habitants demeureront deschargés de toutes aultres dépenses, et lesdits soldats pourront prétendre à la nourriture et logement. Mandons et ordonnons audit S*r *de Seridos de tenir la main à ce qu'il ne soit contrevenu à notre présente ordonnance, sous peyne d'en répondre en son propre nom, et après lesdits six jours expirés, de retirer sa compagnie dudit lieu pour la conduire en Languedoc par la route qui luy est préscrite.*

Faict à Bordeaux, le premier jour de mars 1627 (1).

LOUIS DE LAVALETTE.

(Sceau volant).

(1) Ce titre est vidimé par M. de Rubastens.

(*d*) Pag. 00. Voici le texte de cette maintenue sur parchemin, conservée aux archives du château de Saint-Aignan :

Nous intendant et commissaire susdit avons maintenu et gardé ledit Jean de Sen-Gresse, s[r] *de Merens, en sa qualité de noble; ordonnons qu'il jouira ensemble et ses successeurs, enfants et postérité, néz et à naître en légitime mariage de tous les privilèges, honneurs et exemptions dont jouissent les gentilshommes du royaume tant qu'ils vivront noblement, et ne feront acte dérogeant. Foisons défense audit de la cour de Beauval et tous autres de les y troubler, à peine de cinq cents livres d'amende et de tous dépens et domages. Entends et en conséquence, que ledit sieur de Sen-Gresse sera compris dans l'estat qui sera par nous envoyé à Sa Majesté, pour y avoir égard, en faisant le catalogue des véritables nobles de la province.*

Fait à Montauban, le quinzième juillet mil sept cent.

(*e*) Pag. 00. L'échelle familiale des Saint-Gresse, dressée par MM. Acquier et Eugène Dauriac, n'offre aucune solidité; à chaque pas ascensionnel, le pied se dérobe sous un anachronisme ou une confusion. Nous ne relèverons que deux ou trois erreurs capitales. D'abord, ils ont établi comme représentant du troisième degré un Jean de Saint-Gresse qui n'existe pas. Le premier de ce nom fut l'époux de Catherine de Comère; il eut pour père Bertrand, et non pas Jacques, qui n'était que son oncle. Les archives de Tarbes ne permettent aucun doute sur ce point. Or, Bertrand, le deuxième personnage dans notre ligne filiative, a été égaré par nos collègues de Paris. D'après eux, le rescrit accordé à Jean de Saint-Gresse remonterait à 1324, et le document que nous avons esquissé porte la date de 1534; il n'y a que deux siècles de distance entre l'opinion de ces généalogistes et la vérité historique. Au cinquième degré, dont ils font le sixième, nos confrères attribuent la paternité de Jean, seigneur de Pascau, l'une des individualités les plus apparentes du rameau de Séridos, à Jean-Jacques du Bouscas, qui était son cousin. Les preuves de noblesse faites devant M. de Rabastens corroborent notre critique.

(*f*) Pag. 00. Dans un brevet délivré au nom du marquis d'Ambres par Jean de Marquesus, son prevôt, on voit que, le 17 juillet 1628, Jean de Saint-Gresse fut chargé de composer une compagnie avec des hommes de notre pays. Les soldats y sont désignés par des sobriquets non moins pittoresques que les noms des compagnons d'aujourd'hui. Voici la liste des compatriotes que le sieur de Pascau avait mission d'enregimenter : « Vidal « Tapie, dit *Lafeuillade*, du Castella Vivent; Bernard « Boicho, dit *Lafon*, de Lavardens; Pierre Filho, dit *Lavallon*, du dit Lavardens; Jan Franga, dit *La Violette*, « du dit Lavardens; Jan Espiaux fils du dit Lavardens; Jan

« Fenasse dudit Lavardens; Jan Faisse, dit *Sansoucy*, « dudit Lavardens; François Cadrot du Coston du dit « Lavardens; Gabriel Douazan, dit *Lafleur*, du Castella « Vivent; (mot illisible) dit *Lavigne*, de Roquelaure; « Pierre Amade, dit *Lavardens.* » (*La suite du rôle est entièrement effacée.*)

(*g*) Pag. 00. L'illustration de la maison de Gironde est relatée à chaque page de nos annales; les noms de plusieurs personnages sortis de son sein se trouvent signalés dans *Rymer* (1), *la Gallia christiana* (2), *les collections de Gaignières et Doat, l'Histoire des Grands officiers de la Couronne* (3), *l'inventaire du Trésor des Chartes* (4), *les Preuves de la Généalogie de Turenne*, par JUSTEL, *les Extraits de la Chambre des Comptes de Paris, les Lettres missives d'Henri IV,* par BERGER DE XIVREY (5), *les Commentaires de Montluc,* etc. Nous allons, à travers les siècles, jeter un coup d'œil rétrospectif sur le passé de cette famille, dont le berceau fut le gros bourg de Gironde que l'on rencontre sur le chemin de Bordeaux, entre Langon et La Réole. Les seigneurs qui nous occu-

(1) *Recueil de Rymer*, tome Ier, pages 402, 412, 501, tome II, pages 375, 376, 378, 648.

(2) Tome II, page 294.

(3) Tome VIII, page 596.

(4) Volume VIII.

(5) Lettres et missives d'Henri IV, tome Ier, page 146.

pent (1), quoique fort antérieurs au XIIIe siècle, ne font néanmoins qu'à cette époque leur apparition historique. Ils figurent parmi les guerriers gascons qui, sur l'appel du roi d'Angleterre, arrivèrent en armes à Pons, le jeudi de la Saint-Mathieu 1242. Guillaume Gerun ou Gironde fut l'un des témoins et des signataires de la concession faite à Bazas par le monarque britannique à Edouard, son

(1) Une branche de Gironde s'était, au début du XVIe siècle, transplantée en Auvergne. Un Pierre de Gironde, damoiseau de la paroisse d'Auriac, se déclara hommager du baron de Mercœur, le dimanche après l'Ascension, 1302. Son successeur donna aveu et dénombrement de ses biens à Charles de Valois, comte d'Alençon. Pierre de Gironde, un des descendants de celui qui précède, fut chevalier de l'ordre de Saint-Jean-de-Jérusalem, et un autre, gouverneur du comte de Montpensier. Louis de Gironde, postérieurement à ceux qui viennent d'être cités, devint commandeur de Saint-Vidal, en Poitou. Celui qui suit Antoine de Gironde fut honoré par Charles IX d'un brevet par lequel il était permis *à lui et à ses descendants masculins de porter derrière l'écusson de ses armoiries le manteau doublé d'hermine et frangé*. Un peu plus tard, le même occupe les hautes fonctions de conseiller et de premier maître-d'hôtel de Catherine de Médicis, qui lui accorda, le 1er février 1586, en *considération de ses bons, agréables et recommandables services, 400 écus d'or* de pension. Son fils Charles, seigneur de Monteil, de Begoule et de Labastide, était maître-d'hôtel de la reine Marguerite. Sa femme, Anne de Marillac, était de la famille qui produisit le garde-des-sceaux et le maréchal de ce nom.

André de Gironde, comte de Buron, dont le grand-père avait énergiquement coopéré au siége de Graveline, reconnut que son vicomté d'Embrief relevait, ainsi que plusieurs autres de ses possessions, d'Amédée de Savoie, prince de Carignan, comte de Soissons. Ce fut lui qui succéda au marquis de Laumary dans la charge de grand-échanson. Il fut également pourvu, le 28 mai 1731, de la lieutenance générale de l'Isle de France. Il fit un grand mariage avec Antoinette de Boistel, fille unique et héritière de Claude de Boistel, conseiller en la grand'chambre du Parlement de Paris, seigneur et vicomte d'Embrief, Escury, Mesmin, Fay, Long-Regard, Mairie d'Ardré. Les armes des maisons d'Auvergne et de Guienne ne différaient pas entre elles constitutivement. La première avait: *écartelé, au 1 et 4, d'or à trois hirondelles de sable, deux en face se regardant et une déployée en pointe* qui est de Gironde; *au 2 et 3, de gueules à la croix vuidée pommetée d'or et sur le tout d'argent à trois molettes d'éperon de sable, deux en chef et une en pointe, avec une merlette en cœur*, qui est de Rochefort.

fils, le 14 février 1254. Un autre Arnaud, à la suite d'une trève entre Alphonse III, roi d'Aragon, et Edouard Ier, roi d'Angleterre, fut livré en otage par le premier au second (1288). Celui-là s'était allié à Gironde de Pons, fille de Marguerite de Turenne, dame de Bragerac et de Gensac.

Le souverain d'outre-mer sollicita, par lettres données à Portsmouth, le 29 juin 1294, le bras du fils d'Arnaud pour reconquérir la Gascogne. Isabeau, la fille aînée de ce puissant auxiliaire de la cour anglaise, apporta en dot son riche héritage à Bernard d'Albret, fils aîné d'Amanieu. A la mort de cette noble dame, sa sœur cadette ramena la terre de Gironde dans le domaine d'Albret par son mariage avec Bérard d'Albret, seigneur de Vayres et de Rions, lequel était son beau-frère.

L'un de ses petits-fils, Jean de Gironde, seigneur de Montclera, de Floyras et de Cazals, devint capitaine de la ville et du château de Domme en Périgord, et l'un des cent gentilshommes de la chambre du roi. Brandelis de Champagne, seigneur de la Suze, de Bazoches, de Brouassin, sénéchal du Maine, conseiller et chambellan de François Ier, le choisit entre plusieurs compétiteurs pour l'époux de sa fille. Celle-ci donna à Jean de Gironde plusieurs enfants (1), entre autres Jean de Gironde, le troi-

(1) Lors de la convocation de l'arrière-ban pour aller guerroyer les huguenots, l'un d'eux, Raymond, religieux d'un couvent de Bénédictins dans l'Agenais, échangea le froc contre la cotte de mailles, mit une salade sur sa tonsure

sième, qui fonda une nouvelle branche (1) du nom d'un fief qu'il reçut de Françoise de Beauville sa femme, dernière personnification directe de la vieille lignée des Castelsagrat, continuée depuis lors par les Gironde. C'est à ce rameau que se rattachait Mme de Saint-Gresse-Merens, dont il a été question dans la notice.

De peur d'enchevêtrer les diverses filiations, nous allons laisser pour un instant celle qui nous intéresse d'une manière immédiate et reprendre celle que nous avions commencée. Pour marcher plus vite, nous franchissons les deux générations qui suivent Jean de Gironde et nous arrivons à Brandelis de Gironde, sire de Montclera en Guienne, et baron de Loupiat et de Lavaur. Il fut créé chevalier de l'ordre d'Henri III, le 24 février 1578. Le maréchal de Biron reçut la mission d'aller le revêtir des insignes de cet ordre. Henri IV, dans une lettre chaude de cordialité comme la plupart de celles qu'il écrivit, le pria de conserver dévouement à sa cause; la missive est du 2 avril 1581. Le prince Béarnais ne possédait encore que la Na-

et vint ensuite se substituer à son père, qui pliant sous le poids des ans, ne pouvait plus porter d'armure. Quand les luttes de la ligue se furent apaisées, le moine-soldat rentra dans son cloître et reçut pour sa fugue pie l'absolution de l'official d'Agen, en vertu d'une bulle du pape. Son neveu, François de Gironde, fils de Brandelis, fut élu chevalier de l'ordre de Saint-Michel, et le duc de Montpensier vint de sa propre main lui suspendre le collier. Il contracta une alliance princière avec Marie-Catherine de Foix, fille puînée de Germain Gaston de Foix, comte de Gurson et de Fleix, vicomte de Meille, marquis de Trans.

(1) Celle de Castel-Sagrat.

varre. Les enfants de Brandelis de Gironde (1) eurent une brillante carrière; l'aîné, François fut attaché à titre de gentilhomme à la chambre du roi Louis XIII par lettres du 12 juillet 1616. Par celles de décembre de la même année, la terre de Montclera et la vicomté de Lavaux furent érigées en marquisat héréditaire. Un passeport d'Amédée, duc de Savoie, lui donne la qualification de mestre de camp. Le troisième, Pons de Gironde, baron de Lavaur, ne tarda pas à être enlevé, du grade de colonel dans le régiment de cavalerie légère de France, à celui de maréchal-de-camp. Sa promotion est du 6 mai 1652. L'armée de Guienne, à laquelle il appartenait, avait pour chef le duc de Candale. Honoré de Cosnac, archevêque d'Aix, dont M. Léonce Couture a si bien raconté l'existence dramatique et l'exil à Lombez, était le beau-frère de Pons de Gironde.

Dans nos guerres religieuses, des parents, comme nous l'avons prouvé ailleurs, tinrent fréquemment des drapeaux ennemis au bout de leurs hallebardes. Il advint même que deux cavaliers, penchés hors d'haleine sur leurs brides, se reconnurent frères après avoir démaillé leur haubert à coups de lance. Durant cette lutte géante de la foi ancienne aux prises avec la foi nouvelle, les membres de la famille de Gironde, à l'instar de celle de Laques, de

(1) Il était marié avec Louise de Gontaut, fille d'Armand de Gontaud, baron de Biron, maréchal de France, et de dame Jeanne d'Ornezan.

Bezolles, de Panjas et d'autres portèrent les armes dans des camps opposés. Antoine de Gironde, écuyer seigneur de Gironde, de Bégoule de Chaliliarguet et de Labastide, dont il a été question à la note 6, représentait le sixième degré de la branche d'Auvergne et la fidélité héréditaire des siens à la couronne de France. Aussi, le roi Charles IX lui témoigne-t-il sa gratitude par des hautes récompenses honorifiques. Antoine jouissait de la pleine confiance de Montluc qui lui a consacré cette page de ses *Commentaires.*

Et comme nous nous départismes le samedi mesme, monsieur de La Vauguyon s'en va pour faire advancer ses gens, cheminant jour et nuit, et moi je fus le dimanche de grand matin à Coutras, où je trouvai M. de Gironde gouverneur de Fronzac, qui estoit de notre entreprinse et du conseil que j'avais tenu à Bourdeaux. Ayant tenu prest tout le charroi qu'il nous fallait, et monsieur de Montferrant estant arrivé le dimanche au soir, je ne le laissai séjourner que trois heures : et l'envoyai toute la nuit pour estre devant le jour à la Roche, pour les enfermer dedans, ce qu'il fist : et Monsieur de Gironde et moi nous attendismes à faire atteler l'artillerie, et après l'avoir fait acheminer, j'y laissai ledit sieur de Gironde avec Frédéville et quelques cent pionniers que le dit sieur de Gironde m'avait apresté...

Les Montclera, reconnaissants pour les faveurs royales

dont ils avaient été comblés, restèrent presque tous fidèles aux Valois. Les Castelsagrat, se souvenant que le sang des rois de Navarre coulait dans leurs veines, restèrent fidèles aux d'Albret. Brandelis de Gironde, rejeton de cette dernière branche, c'est-à-dire seigneur de Castelsagrat, commandait cent hommes d'armes dans les rangs des calvinistes. Il était chevalier de l'ordre du roi, gentilhomme ordinaire de sa chambre et maître de camp du régiment d'infanterie. Henri IV estimait sa valeur comme le témoigne l'appel ci-après qu'il lui adressa de Saumur, le 14 avril 1504 :

M. de Gironde, j'envoye Bissoue en Guyenne pour haster mes serviteurs de me venir trouver. Ceste occasion est trop importante pour demeurer au logis. Je vous prye, venez moy trouver, et asseurés que vous serés très bien venu de

Votre plus affectionné amy,

HENRY.

Léon de Gironde, petit-fils de Brandelis, demanda et obtint, le 12 février 1657, la main de Catherine Thulliat, fille du baron de Mauroux. Deux générations plus tard, Jean de Gironde fut déchargé de l'assignation pour fait de noblesse, le 18 décembre 1697, et fit enregistrer dans l'armorial général ses armes : écartelées au 1 et 4 d'or à trois hirondelles de sable becquées et membrées de gueules posées au 2 et 3 d'azur à une croix tréflée ou pommetée d'or. Il épousa, par acte du 30 décembre 1667, Gabrielle de Fénelon. Ce fut une de ses arrières-petites-filles qui entra, au début de ce siècle, dans la maison de Saint-Gresse-Mérens.

(*h*) Pag. 00. Les papiers de la famille du Bouzet et de Guichené, furent livrés aux flammes en exécution de la loi du 17 juillet 1793. Le comité de surveillance du district de Condom reçut les papiers nobiliaires de Catherine du Bouzet de Madirac, épouse du chevalier de Guichené. On peut se faire une idée de la rage destructive des documents généalogiques, à cette époque terrible par les quelques lignes qu'on va lire. Ce rapport révolutionnaire nous a été communiqué par M. Niel, archiviste départemental : *Elle* (Catherine du Bouzet) *nous a remis un sac contenant livres et actes relatifs à la ci-devant seigneurie de Saint-Aignan et les a de suite faits porter à la municipalité... et de suite toutes gardes nationales, étant assemblées au pied de l'arbre de la liberté au chef-lieu du canton sont parties avec ordre pour aller à la place d'armes ou était préparé le bûcher pour brûler tous les effets ci-dessus détaillés, et étant arrivés à une des portes de la ville dite de Marmont, où il y avait un armorial, la réunion, ayant fait halte, a démontré le plus pur patriotisme en donnant un coup de marteau audit armorial qui a été totalement détruit.*

Agen, Imprimerie et Lithographie de P. Noubel.

www.ingramcontent.com/pod-product-compliance
Ingram Content Group UK Ltd.
Pitfield, Milton Keynes, MK11 3LW, UK
UKHW021106270726
13993UKWH00006B/1042